四川外国语大学学术专著后期资助项目（SISU202061）
国家社会科学基金重点项目（14AZD130）
国家社会科学基金重大项目（17ZDA065）
重庆市高水平新文科建设高校项目

"双碳"目标下
微电网价值补偿机制研究

"SHUANGTAN" MUBIAO XIA
WEIDIANWANG JIAZHI BUCHANG JIZHI YANJIU

潘成蓉◎著

中国财经出版传媒集团

经济科学出版社

Economic Science Press

图书在版编目（CIP）数据

"双碳"目标下微电网价值补偿机制研究／潘成蓉
著 . —北京：经济科学出版社，2022. 10
ISBN 978 - 7 - 5218 - 4120 - 6

Ⅰ. ①双… Ⅱ. ①潘… Ⅲ. ①电网 - 节能减排 - 价值
补偿 - 补偿机制 - 研究 Ⅳ. ①F407. 61

中国版本图书馆 CIP 数据核字（2022）第 194397 号

责任编辑：杜 鹏 刘 悦
责任校对：杨 海
责任印制：邱 天

"双碳"目标下微电网价值补偿机制研究
潘成蓉 著
经济科学出版社出版、发行 新华书店经销
社址：北京市海淀区阜成路甲 28 号 邮编：100142
编辑部电话：010 - 88191441 发行部电话：010 - 88191522
网址：www. esp. com. cn
电子邮箱：esp_bj@ 163. com
天猫网店：经济科学出版社旗舰店
网址：http：//jjkxcbs. tmall. com
固安华明印业有限公司印装
710 × 1000 16 开 10. 75 印张 180000 字
2022 年 11 月第 1 版 2022 年 11 月第 1 次印刷
ISBN 978 - 7 - 5218 - 4120 - 6 定价：59. 00 元
（图书出现印装问题，本社负责调换。电话：010 - 88191545）
（版权所有 侵权必究 打击盗版 举报热线：010 - 88191661
QQ：2242791300 营销中心电话：010 - 88191537
电子邮箱：dbts@ esp. com. cn）

前　言

当前大部分国家都面临能源安全、能源结构调整与环境保护的多重压力，清洁能源作为有效的解决途径之一越来越受到各国的关注。微电网作为利用可再生能源和清洁能源的重要形式之一，受到理论界和实业界的日益重视和广泛关注。发展微电网对于利用可再生能源、降低电力系统碳排放以及电力市场改革和能源结构调整有重要作用，其具有外部经济性的特点。微电网的外部经济性具有典型的公共品属性和外部性特点，这使微电网的经济和环保绩效未得到充分体现。如何提高微电网的经济收益，内化微电网的环保价值为经济收益，使微电网项目资源价值得到合理的补偿，以提高微电网的收益，促进微电网健康发展成为本书关注的问题。

本书基于利益相关者理论、外部性理论及价值补偿理论，运用博弈建模、数值分析等方法探讨微电网项目资源价值的补偿机制。首先通过文献梳理对国内外微电网项目资源价值、微电网政府补贴、可再生能源配额制及绿证制度下微电网收益的相关研究做了总结；其次对微电网的项目资源价值从经济价值、对利益相关者的价值以及微电网项目具有的社会价值和环境价值方面做了归纳，并分析了微电网价值政府补偿及市场化补偿的现状；再其次重点研究了微电网的关键利益相关者——电网公司在微电网价值补偿中的重要作用；最后从微电网系统内部和外部的角度，分析了政府补偿机制和市场交易机制下的微电网价值补偿。本书的具体研究内容和贡献主要有以下四个方面。

第一，微电网项目资源价值及价值补偿机理分析。微电网项目资源价值主要体现在提高可再生能源利用、减少碳排放、顺应电网智能化发展趋势等社会、经济、环境方面的价值，不同的资源价值也为不同的利益相关者带来了效用的满足。通过该部分对现有微电网价值政府补偿及市场交易补偿机制的梳理，厘清了两类补偿机制的补偿机理，为后续微电网价值补偿机制的研究提供了基础。

第二，考虑经济收益的微电网与电网公司合作价值补偿机制研究。从实现微电网经济收益的关键方角度，明晰了在当前的电力体制背景下，电网公司是微电网实现价值补偿的关键利益相关者。本书通过演化博弈分析了直接收益、间接收益、政府补贴、支出成本及风险成本对微电网和电网公司合作价值补偿的影响。研究发现，微电网和电网公司双方均选择合作策略的收益大于不合作的收益，因此，双方选择合作能更好地补偿各自的资源价值。合作直接收益、合作间接收益和政府补贴与微电网和电网公司合作价值补偿呈正相关关系，而合作成本和风险成本与微电网和电网公司合作价值补偿呈负相关关系。

第三，考虑产业效率的微电网系统内部政府价值补偿机制研究。从微电网系统内部的角度，探讨微电网产业的补偿机制，分析了政府补贴对设备供应商、能源投资商、用户、运营商四个微电网的重要利益相关者的价格和收益指标产生的影响。具体设计了以下多方博弈模型，包括政府对设备供应商进行补贴的 E 模型、政府对投资商进行补贴的 I 模型、政府对用户进行补贴的 C 模型、政府对运营商进行补贴的 O 模型。研究发现，补贴给设备供应商和投资商时，微电网产业链渠道价格指标较低；补贴给运营商和用户时，微电网产业链渠道价格指标较高。同时，与补贴其他对象相比，补贴给自身时，自身收益达到最大值。另外，我们通过数值分析，验证了本书的模型，同时分析发现，微电网技术水平的变化对微电网各参与方收益具有重要影响。

第四，考虑市场效率的微电网市场化价值补偿机制研究。从市场交易的角度探讨了微电网市场化的价值补偿机制。微电网市场化补偿机制是微电网价值补偿的重要方式，并且随着微电网行业的不断发展，产业成熟度的提高，微电网市场化补偿机制将会发挥越来越重要的作用。通过建立三阶段动态博弈模型，在区别可再生能源利用技术创新独立投资和联合投资两种策略的基础上，研究了可再生能源配额和绿证价格对可再生能源利用技术创新水平、电量和利润的影响。研究结果表明，可再生能源配额制度会给电力企业的利润带来损失，但可再生能源配额制度又会促使绿色证书交易市场的形成；可再生能源配额存在最优边界，使电力企业可再生能源利用技术创新水平、电量和利润得到均衡值；绿色证书交易价格的增加使电力企业增加利润，绿色证书交易价格对电力企业电量的影响要考虑可再生能源技术利用创新水平的高低，绿色证书交易价格对可再生能源技术利用创新水平具有一定的正向影响。

最后，在总结全书内容的基础上，提出了政策建议，对未来的研究方向提出了展望，并指出了进行下一步研究的思路。

本书得以顺利出版，感谢我的博士生导师、重庆大学经济与工商管理学院龙勇教授，他在本书的研究思路、框架设计方面提出了独到的见解。撰写成书的过程中，代彬副院长、汪於博士等领导和同事给予了大力支持，在此一并表示真挚的感谢。经济科学出版社杜鹏老师等为本书的顺利出版提出了诸多建议，在此对其指导和帮助表示感谢。

由于时间和水平所限，同时鉴于该问题研究的复杂性，书中可能存在不足之处，敬请各位专家、读者给予批评指正。

潘成蓉

2022 年 7 月

目　　录

| 第 1 章 |

绪　　论

1.1　微电网价值补偿问题的提出及研究意义

1.1.1　问题提出

为实现社会可持续发展的目标，各国都在进行低碳化转型。在能源领域，优化能源结构、节能减排的目标促使可再生能源和清洁能源领域得到了更多的关注与快速的发展（European Commission，2014；Ali et al.，2017）。2017 年英国公布了《清洁增长战略》以下简称《战略》，该《战略》确定了英国气候和生态政策的主要方向，并包含了一系列影响能源领域的重点政策行动；同年，意大利出台新能源战略，明确未来要完成欧盟的减排和可再生能源发展目标，即可再生能源发电比例在 2015 ~ 2030 年要实现 17.5% ~ 55% 的大幅提升，可再生能源供热从 19.2% 增至 30%；在德国，根据德国政府最新修订的《可再生能源法》，在不断降低电力成本的同时，到 2025 年德国可再生能源发电量需占总发电量的 40% ~ 45%，2035 年目标进一步提高到 55% ~ 60%；日本公布的"第 5 次能源基本计划"，首次将可再生能源确定为到 2050 年实现经济自立的脱碳化"主力电源"（北极星电力网，2018）；国家发改委于 2016 年颁布的《可再生能源发展"十三五"规划》

明确了在 2020 年和 2030 年我国能源发展的战略目标为实现非化石能源占一次能源消费比重分别达到 15% 和 20%。中共中央国务院于 2021 年发布的《关于完整准确全面贯彻新发展理念做好碳达峰碳中和工作的意见》进一步提出，到 2025 年，非化石能源消费比重达到 20% 左右；到 2030 年，非化石能源消费比重达到 25% 左右，风电、太阳能发电总装机容量达到 12 亿千瓦以上；到 2060 年，清洁低碳安全高效的能源体系全面建立，非化石能源消费比重达到 80% 以上，碳中和目标顺利实现。微电网是利用可再生能源和清洁能源的重要方式之一，在解决可再生能源和清洁能源的消纳问题中表现出极大的潜能。

此外，电力系统为应对极端天气的影响和适应不断变化的电力需求所做的措施也推动了微电网的发展。例如，2003 年北美发生了 "8·14" 大停电事故，2008 年中国的 "冰灾" 及汶川地震期间都出现了大规模停电事故。仅 2017 年，美国发生的五起停电事故中断了 100 多万个用户的供电（Hussain Akhtar et al.，2019）。微电网可以与主干电网并网进行电能的双向输送，也可以在主干电网故障时与其断开离网运行，保障重要负荷的供电。而且，随着我国经济社会的不断发展，用电需求不断增加，短时间的尖峰负荷越来越大。微电网配备了储能设施，在控制系统的作用下，适合解决峰谷差问题，原因在于，如果采用传统做法，通过增配发电机来满足间歇性的尖峰负荷是不经济的。另外，随着用户对电能消费的需求越来越多样化，微电网可以根据用户的需求做个性化定制。例如面向终端用户电、热、冷等多种用能需求，微电网可与天然气冷热电三联供系统共同实现多能协同供应和能源综合梯级利用。因此，微电网作为现有电网结构的一种有益的补充形式，能够高效和经济地实现对用户的多样化、高可靠性的供电要求。

因此，各国高度重视微电网的研究与示范工程建设。美国自北方电力承接的美国第一个微电网示范工程梅德河（Mad River）建成以来，在威斯康星大学麦迪逊分校、桑迪亚（Sandia）国家实验室、美国劳伦斯伯克利国家实验室等地建设了微电网示范工程。美国微电网的发展以提高重要负荷的供电可靠性和满足用户定制的多种电能质量需求、降低成本、实现智能化为重点（Smith，2009）。欧洲的微电网以丹麦的博恩霍尔姆岛（Bornholm）微电网示范工程、雅典国立大学微电网示范工程、荷兰的聚特芬（Zutphen）度假村微电网示范工程为代表，主要为了测试微电网联网和孤岛模式切换，通讯协议验证以及微网的需求侧管理（Sánchez，2006）。日本的微电网以东京都、东京燃气公司示范工程、仙台市示范工程为代表，以测试微电网的电能质量控制、负荷跟踪、优化调度以及负荷预测为研究目标（Morozu-mi，2006）。除此之外，加拿大、澳大利亚等国也在积极开展微电网示范工程建设。

我国随着微电网建设及并网的相关标准和激励措施的出台，微电网建设环境不断改善，各类微电网建设及并网示范工程也逐渐增多。国家能源局于2012年在《可再生能源发展"十二五"规划》中指出，到2017年，新能源微电网示范工程项目建设数量达30个，部分微电网项目已建成并开展了并网实践，例如河北张家口国家风光储输一期示范工程、西藏阿里地区狮泉河水光储互补微电网示范工程、蒙东陈巴尔虎旗移民微电网示范工程、浙江鹿西岛风光储并网型微电网示范工程。随着微电网并网实践的进展，相关的标准也相继出台，《微电网接入配电网测试规范》和《微电网接入配电网系统调试与验收规范》于2014年底正式确立为国家标准，填补了我国微电网并网标准的空白。为更好地促进和规范新能源微电网示范工程的建设、运行、管理工作，国家能源局于2015年发布了《关于推进新能源微电网示范项目建设的指导意见》。经过5年的建设，国家发改委、国家能源局于2017年依据国家相应的审核条件对微电网示范工程进行审查，符合条件的有28个，其中，并网型微电网24个，独立型微电网4个，基本上完成了"十二五"初期确定的微电网示范工程建设目标。可以说我国微电网的法治建设和实地建设迈入了新的发展阶段。

随着微电网实践的发展，学术界对微电网的研究日益增多。但现有对微电网的研究，一部分主要从电源系统（Moradi et al.，2016；Motevasel et al.，2011）、储能技术（Jarnut et al.，2017；Fossati et al.，2016）、控制和保护技术（Kamel，2014、2016；Kamel et al.，2016；Villalón et al.，2020）、微电网与电网公司能源交换（Gunduz et al.，2016；Asaleye et al.，2017）、微电网系统的调度（Rezvani et al.，2015；Javidsharifi et al.，2018）以及其他关键技术等技术角度研究微电网；另一部分文献则从微电网的投资成本收益（Rieger et al.，2016；Jongbaek et al.，2020）、市场运行机制（Liu et al.，2014；李雅超等，2021）、微电网利益相关者之间的合作（Pan and Long，2015；Long et al.，2017，2018；Zhu et al.，2020）等微电网经济管理角度展开研究。通过对现有文献的研究发现，目前的研究较少关注微电网项目资源价值，特别是忽略了对微电网项目资源价值补偿的研究，而微电网的价值补偿对微电网的发展，尤其是在微电网产业发展初期具有非常重要的影响。

在微电网发展初期，由于技术不成熟以及成本问题，导致微电网的发展相对缓慢（国家能源局，2017；国家发改委等，2017；Ustun et al.，2011）。在微电网产业发展初期，微电网产业的各个方面处于不断发展和变化中，例如微电网技术、类型、性能、用户市场等。微电网初期市场中这些因素的不确定性导致微电网的开发成本和风险较高，收益不确定性高。同时，相对于传统以煤为主的电力生产对环境的外部不经济性，微电网生产可以降低电力系统的碳排放，具有外部经济性的特点。由于这种外部经济性具有典型的公共品属性和外部性特点，微电网并未从这些利他行为中获取相应的收益，这使微电网的经济和环保绩效未得到充分体现。如何补偿微电网的正外部性，促进微电网行业的良性发展，成为急需解决的现实问题。

基于上述背景的思考以及对现有研究不足的发展和完善，形成了本书的研究动因和逻辑起点。本书拟深入探讨以下问题：结合利益相关者的视角，分析微电网项目有哪些价值？现有微电网的价值补偿机制有哪些？政府对微电网系统内部的价值补偿机制对微电网产业链利益相关者产生了哪些影响？市场交易机制对微电网价值补偿又产生了哪些影响？这些问题既是理论界需要关注的问题，也是政策制定者急需关注的现实问题。通过对以上问题的回答，系统地研究微电网项目价值及其价值补偿问题，为优化微电网价值补偿机制，促进我国微电网产业的健康发展提供助力。

1.1.2 研究意义

1.1.2.1 理论意义

本书以利益相关者理论、外部性理论及价值补偿机制为基础，主要从微电网系统内部和外部分别研究政府及市场化价值补偿机制。重点是微电网资源价值分析、现有微电网价值补偿方式梳理、基于经济收益的微电网与电网公司合作价值补偿机制，以及考虑产业效率的微电网系统内部政府价值补偿机制和可再生能源配额制下的微电网市场化价值补偿机制，具有重要的学术意义，其具体表现如下。

（1）建立了微电网价值的理论成果。微电网既是顺应国家电力体制改革和智能电网建设的趋势，也是提高可再生能源利用、促进能源结构调整的重要方式。鉴于微电网发展的重要意义，本书致力于明确微电网具有的社会价值、经济价值和环境价值，并从利益相关者的视角分析了微电网对利益相关者的价值，进而在外部性理论的基础上分析了现有的微电网价值补偿方式及其补偿机理，通过对微电网价值分析建立的框架和方法使之形成微电网项目或工程类项目价值及补偿方式分析的理论基础。

（2）深化了微电网与电网公司对双方资源价值补偿作用的认识。微电网有着灵活性、安全性、可靠性及满足用户多样性用能需求的特点，在电力市场与电网公司存在着竞争关系。但微电网又需要与电网公司并网消纳多余电力或从电网公司购买电力，因而又与电网公司有着合作关系。以往的研究从合作动因、合作条件、合作风险的视角来研究微电网和电网公司的竞合关系。本书剖析了微电网和电网公司在考虑经济收益的背景下，双方为各自资源价值补偿带来的可能性和可行性，对电网公司这一微电网关键利益相关者及其对微电网价值补偿重要性的理解提供了新的视角，也拓展了对微电网与电网公司竞合关系的认识。

（3）丰富了微电网价值补偿机制研究。本书将微电网系统内部政府补偿和微电网系统外部市场化补偿纳入微电网价值补偿机制的框架之下，系统化了微电网价值补偿机制的研究。不同于现有关于政府对微电网补贴的研究，本书将微电网产业链利益相关者及产业效率与政府补贴相结合，丰富了政府对微电网补贴的理解。同时，本书考察了可再生能源配额制和绿证制度对微电网价值补偿的影响，并分析了可再生能源配额、绿证价格、可再生能源利用技术创新水平等因素对微电网和电网公司的影响。

1.1.2.2 现实意义

近年来我国经济社会发展对电力需求提出了新的要求，主要表现为：用电量持续上升，期待更加智能、安全的电网，能源供给更加低碳环保，而发展微电网能有效优化能源结构，保障电力安全稳定的供给，实现节能环保的目标，因此，本书的研究对实践有着较强的借鉴意义。

（1）建立微电网价值补偿新机制。本书较为深入地分析了微电网价值及其现有的价值补偿机制，厘清了电网公司对微电网价值补偿的重要影响，以及电网公司又能从微电网的发展中获得什么样的价值补偿。从产业效率的角度分析了政府补贴对微电网利益相关者的影响，并随着微电网产业扶持政策市场化发展的趋势，研究了可再生能源配额及绿证制度下的微电网价值补偿机制。以上研究为我国制定和改进微电网价值补偿机制提供了新思路。

（2）促进微电网发展的相关政策、法规的完善。放眼全球，微电网工程实践在各国如火如荼地开展，微电网产业得到了快速的发展。但我国目前的电力政策、法规体系建设滞后于电力发展实践。因此，正值我国正探索电力体制改革措施的契机，本书在可以保障电网安全、高效、可靠的前提下，为微电网持续健康的发展减少障碍与阻力，在创造良好的制度环境和机制保障方面提供了理论基础。

（3）为我国微电网项目开发者和政府相关部门提供决策参考。微电网的开发具有经济收益、社会收益和环境收益，如何通过合理的价值补偿让微电网项目投资者增加收益、降低成本和风险将是微电网项目开发者和政府相关部门关心的问题。有效的微电网价值补偿机制将增加微电网投资需求，同时，也为政府相关部门明确"政府干预"与"发挥市场在资源配置中作用"的边界、营造公平公正的竞争环境，促进微电网产业健康发展提供参考。

1.2　研究框架与技术路线

1.2.1　研究框架

本书研究"双碳"目标下微电网价值补偿机制研究。全书由七个部分构成，各章主要内容总结如下。

第 1 章，绪论。主要从研究背景的分析引出研究的问题，明确研究的理论意义和现实意义；提出研究的框架与技术路线；阐述本书的研究方法、创新之处与贡献。

第 2 章，微电网价值补偿基础理论及研究动态。首先对微电网和"双碳"目标进行了介绍，进而对书中涉及的基础理论和相关文献进行了回顾，主要包括利益相关者理论、外部性理论及价值补偿理论；其次对研究主题的学术动态进行了文献综述，主要涉及微电网价值研究、微电网补贴机制研究、微电网可再生能源配额制、绿证交易机制研究等领域。

第 3 章，"双碳"目标下微电网价值及价值补偿现状分析。首先从"双碳"目标下微电网开发的过程和利益相关者角度梳理微电网项目的价值；其次从利益相关者视角刻画了微电网为其利益相关者带来的价值；最后从微电网系统内部政府补偿和系统外部市场化的角度分析了现有补偿机制的补偿机理，厘清现有补偿机制对微电网价值的补偿作用，以期对后续研究奠定理论基础。

第4章，微电网与电网公司合作价值补偿机制研究。本章以微电网和电网公司为研究对象，运用演化博弈对"双碳"目标下微电网与电网公司合作价值补偿机制进行数理分析，旨在通过模型推理，明晰了考虑经济收益的背景下，微电网和电网公司通过合作均能获得价值补偿。另外，通过数值分析对得到的结论进行检验，以其明确电网公司对微电网价值补偿的重要影响。

第5章，微电网系统内部价值补偿机制研究。针对微电网产业发展初期，政府通常会给予补贴来扶持产业发展的现实情况，分析了"双碳"目标下政府补贴给微电网系统内部各利益相关方时，对微电网各利益相关方的价格、收益以及微电网产业效率产生的影响，并通过数值分析对得到的结论进行检验，以期从政府补贴的视角探讨微电网系统内部价值补偿机制。

第6章，微电网市场化价值补偿机制研究。针对"双碳"目标下微电网价值政府补偿机制的局限日益凸显及微电网产业发展逐渐市场化的趋势，本章运用斯塔克尔伯格三阶段动态博弈重点分析了可再生能源配额制和绿证制度对微电网收益、电量及可再生能源利用技术创新水平的影响，并通过数值分析对得到的结论进行检验，以期从市场交易机制的角度为微电网价值补偿机制设计提供理论依据和指导。

第7章，结论与研究展望。对全书进行总结，根据研究结论提出相应的政策建议，并从不足之处对后续研究进行展望。

1.2.2　技术路线

结合本书的研究框架及研究中涉及和应用的研究方法与技术手段，本书研究的技术路线如图1.1所示。

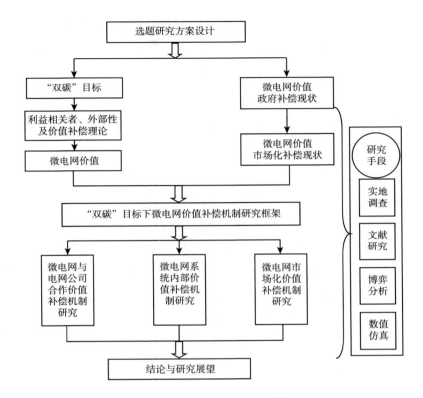

图 1.1　本书研究的技术路线

1.3　研究方法、创新之处及贡献

1.3.1　研究方法

本书研究采用实地调查、文献研究、博弈分析、数值仿真相结合的方法对微电网项目价值补偿机制进行研究。

1.3.1.1　实地调查

实地调查主要是亲自赴现场参与观察。微电网是电力行业近 20 年发展起来的新的技术领域，带有很强的行业技术特性。为了更好地了解微电网这一先进的技术，笔者在研究过程中参观、调研了国内大量微电网项目，向工程技术专家详细请教微电网项目规划、建设、运营流程，通过实地考察，细致地观察工程项目所涉及的利益相关者，采访微电网项目主体在项目实施过程中获得收益的方式，从而为厘清微电网与其核心利益相关者的关系及明晰现有微电网项目价值补偿方式积累了第一手素材，为后续研究打好基础。

1.3.1.2　文献研究

文献研究主要指对前人的研究成果进行收集、鉴别、整理、归纳，形成对本领域研究基础性、总体性认识的方法。文献分析法是对本领域相关研究成果的二次分析，是一项经济且有效的信息收集方法，通过对研究资料的梳理，发现现有研究的薄弱环节，形成新的研究方向，丰富现有研究。本书中，通过对与文章研究主题紧密相关的理论例如利益相关者理论、外部性理论等的深入理解，和对大量的与微电网补偿机制领域相关文献、资料进行快速而细致地梳理，为后续研究做了坚实的理论和文献铺垫，文献研究法与实地调查研究法互为补充，不可或缺。

1.3.1.3　博弈分析

博弈论也称对策论，是研究在特定制约条件下局中人在利益相互影响的局势中如何选择策略使自身利益最大化的一门科学，已经成为经济管理的标准分析工具之一，在供应链管理、公司治理及金融投资等诸多领域等都有着广泛的应用。传统的博弈论对行为主体进行"完全理性"的假定，其在复杂的环境中不仅能够通过判断和决策寻求自身利益的最大化，还能够完美预测他人的行为。随着研究的发展，这种脱离实际的假定逐渐被"有限理性"所取代，演化博弈论迅速流行。本书先后使用了演化博弈及传统博弈，探究了不同情境下利益相关者和补偿机制对微电网价值补偿的影响。

1.3.1.4　数值仿真

仿真又被称为模拟，通过模拟和系统模型来设计或验证系统。仿真既可以针对机械、化工、电气、热力等微观系统，也可以针对生态、社会、经济等宏观系统，所适用领域较为广泛。仿真能够复原系统变化的本质过程，其对于解决真实系统造价昂贵、实际实验危险性高或参数变化之后需要长时间才可了解等问题很有好处。由于微电网行业发展时间不长，数据收集、统计较为困难。本书使用数值仿真方法，对不同情境下的补偿机制给微电网收益带来的影响进行研究，通过数值和图形进行较为直观的解释说明。

1.3.2　创新之处及贡献

本书的创新之处和贡献主要体现在以下三个方面。

一是对我国微电网价值进行了分析，明确了利益相关者对微电网价值补偿的影响。微电网的发展有着广泛的社会收益和环境收益，但由于外部性问题，其经济效益没有得到合理的体现。微电网经济效益得不到合理的补偿势必会影响微电网行业的健康发展。不同于传统电网的是，微电网的建设开发市场化程度较高，涉及众多的利益相关者。本书关注了这一尚未引起重视的现实问题，结合利益相关者理论明晰了微电网项目对其利益相关者的价值，利益相关者特别是电网公司对微电网价值补偿的影响。同时，对现有微电网机制补偿方式进行了梳理和比较，明确了现有补偿方式的补偿机理和不足，为后续研究奠定了基础。

二是研究了政府补偿对微电网产业效率及微电网系统内部利益相关者价值补偿的影响。现有对于微电网价值政府补偿机制的研究，主要考虑补贴这一单方面要素，或将补贴作为模型的一部分进行研究，缺少从产业的角度对微电网项目开发进行研究。然而，微电网产业链中各利益相关者的收益和价格，对微电网的投资和消费具有重要的影响。对微电网产业链中不同对象进行补贴将对微电网产业的效率产生重大影响。尽管单个补贴研究有利于深入理解微电网的项目价值和推动微电网项目的发展，但微电网补贴策略如果不反映微电网开发产业中各方的利益，将严重影响微电网项目价值补偿及微电网产业的发展。因此，我们从微电网产业链各方的利益和产业链的效率出发，构建多方博弈的微电网补贴模型，以研究微电网的补贴策略如何对微电网项目的价值补偿产生影响。本书研究针对性较强，具有解决现实问题的创新意义。

三是研究了我国可再生能源配额制与绿证制度对微电网价值补偿的影响。目前国内外对于可再生能源配额制和绿证制度的研究成果较多，但将可再生能源配额制、绿证制度与微电网结合起来，特别是研究微电网的价值补偿机制的成果几乎没有。鉴于我国微电网价值政府补偿机制存在的局限以及微电网价值补偿市场化发展的趋势，本书拟从市场化的角度对微电网价值补偿机制展开研究。通过构建斯塔克尔伯格三阶段动态博弈重点分析了可再生能源配额制和绿证制度对微电网收益、电量及可再生能源利用技术创新水平指标的影响，提出相应政策建议和应对措施，推动我国微电网健康发展，在同行研究中具有显著的创新意义。

| 第 2 章 |

微电网价值补偿基础理论及研究动态

分析微电网价值补偿机制，要先对研究涉及的相关基础理论和相关主题的研究动态进行梳理。本章首先对"双碳"目标进行阐释，对微电网的定义、分类及优势进行概述；其次对微电网价值补偿涉及的相关理论进行介绍，对它们的内涵、特点及对微电网价值补偿研究的适用性进行分析；最后对微电网价值补偿相关研究进行文献综述，发现现有研究的不足之处。本章的研究有利于我们深刻认识本书研究的思路和步骤，为后续研究做好理论铺垫工作。

2.1　微电网概述

2.1.1　微电网定义

自威斯康星大学麦迪逊分校拉塞特（Lasseter）教授系统地提出微电网概念之后，学术界对微电网的定义和分类进行了广泛的探讨。系统的微电网研究和开发项目始于美国的电力可靠性技术解决方案联盟（CERTS）和欧洲的微电网项目。电力可靠性技术解决方案联盟于 1999 年提出的微电网概念被认为是现代并网微电网概念的起源（Lasseter，2002）。该定义设想了一个微电网，可以包含多个分布式能源，每一个分布式能源作为一个典型的用户或小型发电机出现在网络中，以消除整合分布式能源所带来的挑战（Hirsch et al.，2018）。之后，由美国能源部组建的微电网交换专家组（microgrid exchange group）提出了一个被广泛引用的定义，微电网是一组相互连接的负荷和明确界定电气边界的分布式能源，对传统电网而言，它们作为一个单一的可控实体（Ton et al.，2012）。微电网可以连接和断开与电网的连接，使其能够在并网或孤岛模式下运行。该描述包括三个要求：（1）有可能将包含微电网的配电系统的部分与系统的其他部分区别开来；（2）连接到微电网的资源是相互协调控制的，而不是与远程资源协调控制的；（3）无论微电网是否连接到更大的电网，它都能正常工作。这一定义没有提到分布式能源的规模，也没有提到可以或应该使用的技术类型。

微电网的核心思想是在不创建复杂网络的情况下，集成有限数量的分布式发电机组来优化控制分布式发电机组。它的主要组成部分是分层控制方法、公共耦合点（PCC）、使用本地信息的分布式控制和特定区域，使分布式发电单元能够以系统的方式集成，以确保系统的可靠运行。将分布式发电机组集成到配电网中以输出电力不能被认为是一个微电网，除非它在一个确定的区域内控制整个网络（Hossain et al.，2019）。微电网的结构如图2.1所示。值得说明的一点是，鼓励建设微电网并不会与使用传统电力系统产生冲突，而是对传统电网的补充。

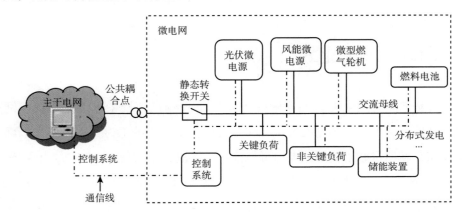

图 2.1 微电网结构示意

为了方便研究，基于各学者的定义，我们将微电网视为：微电网是包括微电源、存储系统、控制系统，以及负荷的小型局部配电系统；它可以与主电网并网运行，也可以在故障或其他外部干扰时与主电网离网独立运行，从而提高供电质量，降低配电网的电能损耗。微电源包括风能、光伏、水力发电等可再生能源以及热电联产（CHP）电厂供能，使用户获得更高效率以及更便宜、更清洁的能源。

2.1.2　分类

2.1.2.1　根据位置分类

根据位置将微电网分为城市微电网或偏远地区微电网。城市微电网通常连接到主电网，因此，能够通过公共耦合点（PCC）与主电网交换电能，也称为并网微电网。能够在电力质量下降、主电网故障等异常情况下，作为孤岛微电网运行（Jiang et al.，2013）。这一类型的微电网可以建造在住宅和商业场所，例如大学校园、医院、数据中心、社区、工业和购物中心。偏远地区的微电网，因地理原因无法接入主电网，例如军事设施、岛屿和丘陵地区（Vinayagam et al.，2018）。由于缺乏投资以及经济、政治和技术方面的原因，它们不像城市微电网那样普遍。

2.1.2.2　根据微电网接入配电网的功率特性分类

根据微电网接入配电网的功率特性，将其分为三类：交流微电网、直流微电网和混合型微电网。交流微电网代表着配电网中有交流电源。它们可以很容易地连接到现有的电网，而不需要采用转换器及其控制方法等特殊的处理，自微电网概念发展以来，交流微电网一直占据着研究的中心位置，这是由于完善的交流电力网络与兼容模式的电气和电子设备（Hemanshu et al.，2014）。由于现代电子设备的广泛应用和对环境友好的直流电源（太阳能和燃料电池）的可用性，产生了具有更好的短路保护和提高效率的直流微电网的概念。与交流电微电网相比，直流微电网具有更高的效率和更低的转换过程（Ghareeb et al.，2013）。混合型微电网由交流、直流配电网和微电网中央控制器组成。构建混合型微电网的目的是将转换阶段最小化，减少接口设备，提高可靠性和降低能源成本，从而提高网络的整体效率。这种结构使交流和直流电力都能提供给配电网，而用户可以根据他们的需要使用电力（交流或直流）（Nejabatkhah and Li，2014）。

2.1.3 微电网的优势

与传统的配电系统相比，微电网有几个优点：它们可用于向主电网难以到达的偏远地区供电；当配电系统发生断电时，微电网可以在孤岛模式下作为单个单元继续运行；微电网热电联产机组可直接满足用户的热、电需求；由于微电网使用低碳技术，有效利用太阳能、风能和其他微型能源等可再生能源，可以帮助减少全球变暖和气候变化；有助于推动电网实现灵活性、可达性、可靠性和经济可行性的"智能电网计划"目标。具体而言，有以下五个优势。

2.1.3.1 更可靠的电源

根据用户电力需求的特点将其分为两类，即关键用户和非关键用户。微电网可以在电力不足时优先保证关键用户供电，然后将剩余电力供给非关键用户，从而改善整体供电。

2.1.3.2 智能用电管理

在微电网的运行中，其中央控制单元促进了网络中的动态需求响应。因此，用户可以根据电力需求和电价来调整自己的需求，从而享受低电价，也便于微电网运营商管理需求响应。

2.1.3.3 获得经济效益

偏远地区的微电网，例如海岛型微电网，可以通过经营小型工厂和灌溉来改善其生活方式，获得经济收益。而城市微电网，微电网电力用于制冷和供暖系统，以及其他现代化的设施的配备，使商业活动增加。此外，微电网中使用的发电源是环保的，可以提供一个可持续发展生态环境。

2.1.3.4　提高了电网的稳定性

从主电网的角度来看，微电网是自我控制的组织，在主电网遭遇重大风暴或故障等极端情况下，都具有自己的操作能力。这些特性使微电网能够同时提高自身稳定性和主电网的稳定性，因为微电网它们可以检测区域内的任何故障，并相应地采取行动保护自己和主电网免受级联故障的影响。

2.1.3.5　高效利用可再生能源

由于可再生能源对天气的高度依赖性，其本质上是随机的。例如，太阳能产生于太阳辐射和风能来自风的速度。虽然将它们集成到配电网会带来挑战，但是可以通过使用微电网的中央控制方法来克服这些挑战。最重要的是，可再生能源在微电网中的高渗透降低了碳排放，从而产生了社会经济和环境效益。

2.2　我国"双碳"目标概述

我国的"双碳"目标即 2030 年前实现碳达峰、2060 年前力争实现碳中和的国家目标，这是 2020 年 9 月 22 日习近平主席在第七十五届联合国大会一般性辩论上代表中国作出的庄严承诺。碳达峰、碳中和目标是能源革命的两个里程碑，是有机联系的两个目标，其实质都是低碳转型，两者相辅相成。碳达峰瞄准碳中和，碳达峰不是冲高峰，是走向碳中和的基础步骤。碳达峰、碳中和目标将大力推动新能源革命和能源结构多元化进程，促进能源行业高质量发展；反之，发展新能源和实施能源结构转型是实现碳达峰、碳中和目标的关键路径。

2021 年 2 月 22 日国务院印发《关于加快建立健全绿色低碳循环发展经济体系的指导意见》，该意见指出，要健全绿色低碳循环发展的生产体系、流通体系、消费体系，加快基础设施绿色升级，构建市场导向的绿色技术创新体系，完善法律法规政策体系。在推动能源体系绿色低碳转型方面，要提升可再生能源利用比例，大力推动风电、光伏发电发展，因地制宜发展水能、地热能、海洋能、氢能、生物质能、光热发电。

为确保如期实现碳达峰、碳中和目标，国家对碳达峰、碳中和这项重大工作进行系统谋划和总体部署。2021 年 9 月 22 日，中共中央、国务院发布了《关于完整准确全面贯彻新发展理念做好碳达峰碳中和工作的意见》，该意见明确了实现碳达峰、碳中和目标要坚持"全国统筹、节约优先、双轮驱动、内外畅通、防范风险"的工作原则，提出了构建绿色低碳循环发展经济体系、提升能源利用效率、提高非化石能源消费比重等五方面主要目标，明确了推进经济社会发展全面绿色转型、深度调整产业结构、加快构建清洁低碳安全高效能源体系等十项碳达峰、碳中和工作重点任务。

随后，国务院于 2021 年 10 月 24 日发布了《2030 年前碳达峰行动方案》，该方案明确指出，将碳达峰贯穿于经济社会发展全过程和各方面，重点实施能源绿色低碳转型等十大行动。能源绿色低碳转型行动具体而言包含推进煤炭消费替代和转型升级、大力发展新能源、因地制宜开发水电、积极安全有序发展核电、合理调控油气消费、加快建设新型电力系统六大举措。该方案强调，要全面推进风电、太阳能发电大规模开发和高质量发展，坚持集中式与分布式并举，加快建设风电和光伏发电基地，进一步完善可再生能源电力消纳保障机制，到 2030 年，风电、太阳能发电总装机容量达到 12 亿千瓦以上。该方案进一步指出，要积极发展"新能源＋储能"、源网荷储一体化和多能互补，支持分布式新能源合理配置储能系统。

由国家出台的"双碳"目标相关政策可见，微电网作为能源互联的核心要素之一，旨在实现分布式电源的灵活、高效应用，解决数量庞大、形式多样的分布式电源并网问题，有力地提高了电网对清洁能源的消纳能力。同时，微电网具有节能、方便、可靠性高等特点，能够满足电力行业对持续电力输送的需求。微电网已经成为推动能源转型，建设清洁低碳、安全高效的现代能源体系、助力"双碳"目标实现的重要手段。

2.3　微电网价值补偿相关基础理论

2.3.1　利益相关者理论

2.3.1.1　利益相关者概念

一般而言，学界公认利益相关者的概念由斯坦福研究所于 1963 年提出，即对于组织来说，离开其支持，组织将停止运行（Freeman and Reed，1983）。但早在 1927 年已有企业负责人认识到企业要为利益相关者服务才能获益。虽说斯坦福研究所的利益相关者定义有些狭隘，但这也意味着学术界对利益相关者的关注由股东扩展至其他利益主体，认识到其他利益主体的支持对组织的运行也很重要，因此，组织要注意平衡股东和其他利益主体的利益诉求。随后，1965 年，安索夫（Ansoff）将利益相关者的概念引入经济管理领域，他认为，企业的利益相关者例如消费者、股东、员工、供应商等的利益诉求对企业实现既定目标非常重要，安索夫的研究聚焦企业，深化了对企业利益相关者的认识。随着研究的深入，学者们意识到，仅从影响企业生存和发展的角度界定利益相关者存在局限性。于是，弗里曼（Freeman）于 1983 年出版了重要著作《战略管理：利益相关者的方法》，其认为，利益相关者与企业间的影响是相互的，创造性地将政府和社区及媒体等纳入利益相关者的范围。这一定义得到了当时大多数学者的认可，成为较为通行的利益相关者概念。20 世纪 90 年代中期，米切尔和伍德分析了 27 种利益相关者的概念认为，利益相关者可以分为狭义和广义两种定义（Mitchell and Wood，1997）。狭义的以克拉克森（Clarkson，1994）的定义最有代表性，他认为，利益相关者因其在企业中投入了一些专有性资产，例如实物资本、人力资本、财务资本等，并由此而承担了某些形式的风险。广义的定义则以弗里曼的定义最有代表性。随着实践的发展和研究的深入，学者们认识不同利益相关者与企业的相互影响，其程度是不一样的，因此，对利益相关者的分类研究显得尤为重要。

2.3.1.2 利益相关者分类

对利益相关者进行分类就是为企业和利益相关者的相关性设定优先级标准。学者们根据不同的标准对利益相关者分类做了有益的探索，然而，无论是学术界还是实践中利益相关者的分类都没有达成共识。以下将对利益相关者的分类做简要的回顾。

弗里曼（1983）通过深入的研究，将利益相关者分为：有股权关系的相关者，例如董事及公司股东；有经济依赖关系的相关者，例如供应商、员工等；有社会利益关系的相关者，例如政府、社区等。查克汉姆（Charkham，1992）将利益相关者分为契约型利益相关者（股东、雇员）和公众型利益相关者（消费者、社区）。

根据克拉克森（1994、1995）的研究，利益相关者可以被分为两类，即重要利益相关者和次要利益相关者。重要利益相关者指与企业有正式合同关系的群体，例如客户、供应商、员工、股东等；次要利益相关者指与企业没有正式合同关系的群体，例如政府和当地社区。按照这个定义，企业被视为跨越内部和外部环境的具有显性和隐性关系的网络。唐纳森和普雷斯顿（Donaldson and Preston，1995）在他们有影响力的文章中根据三个核心属性对过去的利益相关者研究进行分类，他们认为，这三个核心属性是任何利益相关者文献的基础，即描述性或经验性、工具性和规范性。描述性论点体现了公司的本质以及管理者实际管理公司的方式，工具性强调了利益相关者管理与传统企业目标实现之间的联系，规范性讨论了公司对其利益相关者的道德义务。

为了识别和区分利益相关者的重要性，米切尔和伍德（Mitchell and Wood，1997）提出了工具性利益相关者理论，并应用于利益相关者分类的实践中，他们的研究获得多数学者的认同。米切尔等基于管理者对利益相关者特征的看法，总结出权力性、合法性和紧迫性三个属性，并据此对利益相关者进行划分。将同时具备这三种属性的利益相关者界定为确定型利益相关者；将同时拥有两种属性的利益相关者界定为支配型利益相关者、依存型利益相关者、威胁型利益相关者；若只具备一种属性则分别界定为蛰伏型利益相关者、休眠型利益相关者和需求型利益相关者。米切尔等对利益相关者的研究增加了利益相关者评价的可操作性。吉普森（Gibson，2000）开始将利益相关者分为机构（涉及法律、法规）、经济（市场中的参与者）和道德（环境和社会压力群体）。艾尔特南等（Aaltonen et al.，2008）发现，现有研究证实了企业高级管理层根据利益相关者在权力、合法性和紧迫性方面的可信度给予利益相关者不同程度的关注。

国内学者的研究更加符合中国企业的实际情况。陈宏辉（2003）通过实证的方法，以主动性、重要性和紧急性为标准，将企业主要利益相关者细分为核心、蛰伏和边缘型三种类型。而吴玲（2005）则从理论视角上进行创新，基于资源基础理论、资源依赖理论两个重要理论，将不同性质、不同技术特征的企业结合企业生命周期来对利益相关者进行区分，分为关键、一般和边缘三类利益相关者。

微电网的开发有很强的市场化特征，涉及众多的利益相关者，各利益相关者的角色、诉求及对微电网的影响均存在差异，因此，在探讨微电网的价值补偿时有必要根据其对微电网影响的重要程度区分其利益相关者，进而明晰各利益相关者对微电网价值补偿的影响。

2.3.2　外部性理论

外部性理论是经济学研究中的一个基础性理论，对于我们研究微电网价值补偿机制提供了非常基础的理论依据。以下我们将从外部性概念、分类及外部性问题的解决途径来回顾外部性理论。

2.3.2.1 外部性的概念

外部性可以理解为一个经济主体对于其他经济主体产生的影响，这种影响并没有在市场交易中体现出来，并且由此发生了帕累托效率的损失（哈尔·R. 范里安，2006）。

关于外部性的定义我们应该认识到：经济主体间的外部性影响是直接发生的，而不是间接发生的，是市场交易机制之外的一种经济利益关系，且不能由市场价格机制得以解决；外部性是为了实施某种行为达到某种目的而延伸出来的影响；外部性可以发生在消费领域，也可以发生在生产领域，因此，外部性影响承受的主体既可以是消费者也可以是生产厂商；外部性可能为承受的主体带来未获报酬的效用，也可能为承受的主体带来未获补偿的效用。

2.3.2.2 外部性的分类

为了更好地认识社会生活中复杂的外部性现象，需要从不同的标准和视角对外部性进行分类。一般根据外部性导致的结果区分为正的外部性和负的外部性。正的外部性意味着外部性影响能为其承受的主体带来正的效用，而负的外部性表示外部性影响为其承受主体带来负的效用，日常生活中经常可见正外部性和负外部性的例子，例如邻居养花赏心悦目、邻居练声噪声污染。一个经济主体可能同时产生正的和负的外部性；研究者通常也将生产过程中产生的外部性叫作生产外部性，消费过程中产生的外部性叫作消费外部性。将实施主体和承受主体进一步细分，可以得到四种分类，即生产者对生产者的外部性、生产者对消费者的外部性、消费者对生产者的外部性、消费者对消费者的外部性。以上四种分类中，外部性的影响可能是正的也可能是负的。我国对生产外部性和消费外部性的研究是伴随着国家经济建设的发展和人们生活水平的提高而进行的。20 世纪 60 年代之前主要集中在生产领域，70 年代之后主要集中在消费领域；外部性实施主体对承受主体的影响可以是单向的，也可以是双向的。一般来说，外部性影响是单向的，当存在交互外部性时，两个经济主体间互为实施者和承受者，且两者的外部性可能存在抵消的情况；外部性影响是否具有公共品属性也是研究者常采用的分类标准，将其分为公共外部性和私人外部性。公共外部性的影响受体众多，且各承受主体受公共外部性的影响具有非排他性和非竞争性的特点，一定范围和程度上不能摆脱这种外部性影响，因受体数量庞大也不易将这一外部性内部化，或者内部化的交易成本过高难以承受。而私人外部性具有竞争性和排他性的特点，由于影响受体数量有限，一般可以通过谈判将外部性内部化；此外，随着新制度经济学的发展，一些学者将制度变迁、产权与外部性结合起来研究，称为制度外部性。制度外部性表现为社会责任与权力的不匹配、不对称。例如，在改革中一些人作出了贡献但没有得到合理的报酬，改革就会缺乏动力，而另一些人负担了本该由别人负担的成本，改革就会遇到阻力。

2.3.2.3　外部性问题的解决途径

外部性的出现说明市场调节存在失灵的情况，这时存在着社会福利受损，市场没有很好地配置社会资源，资源配置的效率即使在完全竞争的环境下也不能达到帕累托最优情况。针对外部性产生的福利受损的问题，经济学家们提出了各自的解决方案，代表性的主要有两种：一种是政府干预理论，以庇古为代表；另一种是产权界定理论，以科斯为代表。

庇古税强调政府的干预对市场机制缺陷的修正。政府对市场的干预主要通过两种途径实现（A. C. Pigou，1932）。一种是直接规制，即政府直接规制实施外部性的市场主体的行为或者规定实施外部性的主体应遵循的标准。例如排污权、碳交易权、可再生能源配额制的制定和交易管理。政府根据各阶段应达到的社会目标和社会整体收益制定各具体交易主体应履行的标准，进而根据履行的情况对市场主体实施奖励或惩罚。同时，在直接规制的情形下，政府赋予了市场主体通过交易履行某类标准，这样，生产者在利润最大化的驱使下，从各自的利益角度出发，就可以调整各自的生产规模，调整价格，从而起到修正资源配置、提高市场效率、提高整个社会福利的目的。另一种是间接规制，即依据外部性内部化的原则，通过补贴和税收的方式消除社会收益、私人收益与社会成本、私人成本之间的偏差。以正外部性为例，通过补贴正外部性实施的主体，提高其私人收益，已达到提高社会整体收益的目标。对于主张政府干预的"庇古税"来说，事前交易成本较小，但事后交易成本较大。由于存在信息不对称，被规制者有动力隐瞒信息使自身获益即出现"道德风险"，且规制制定过程中易出现"被寻租"行为，降低规制的干预效果。

科斯的产权界定。科斯定理假定，当产权清晰并且交易费用为零的前提下，市场机制是可以消除外部性的（Coase，1960）。这一方法涉及两个方面：一是要清楚地界定外部性主体的产权；二是要允许外部性主体进行谈判，各外部性主体可以自愿地通过市场的方式来解决外部性的问题，科斯认为，市场方式的成本更小，比政府干预更有效果。科斯的产权界定方法事后交易成本较小，但由于产权清晰的界定较为困难，因而事前的交易成本较大，且交易费用为零的前提也不易满足，特别对于低碳环保方面的问题，自愿通过市场方式解决外部性的较少，因此，该方法推行起来较为困难。

微电网项目的建设为国家能源改革、电力体制改革、产业低碳化、节能环保等作出了贡献，具有外部经济性的特点。但如果微电网的正外部性不能有效地内化为经济收益，即微电网的价值没有得到合理的补偿，将会使微电网建设缺乏动力，阻碍微电网产业的发展，同时也会使整个社会的收益受损。借鉴在政府干预与产权界定基础之上的市场交易来矫正外部性问题的思路，本书拟通过微电网系统内部政府补偿机制和微电网系统外部市场化机制来探讨微电网的价值补偿机制。

2.3.3　价值补偿理论

2.3.3.1　补偿机制

补偿指抵消损失。补偿的目的在于通过利益调整平衡相关利益者的各种利益；补偿方式及标准依据补偿原因的不同而不同。机制是一种制度安排，机制设计的主要焦点是满足特定目标的制度设计。关于补偿机制的研究，生态补偿领域的成果较为丰硕。姚奔（2008）认为，可以通过拍卖机制实现对资源产权价值项的补偿。肖健（2009）研究了太湖流域水生态补偿机制，机制的设计分为两个部分，即水生态保护和跨界水污染，着重研究两种补偿模式补偿金额的计算。张玉强等（2017）对海洋生态补偿利益相关者及其利益诉求进行了分析，认为应由保护者受益、受益者付费、破坏者补偿和受害者收益。

关于环境补偿机制的研究，主要有构建环保价值补偿机制应遵循"谁利用谁补偿，谁受益（损害）谁付费"的原则，实现对生态功能或价值形式补偿或实物形式的补偿（王萌，2010；高赵霞，2010；Beersma et al.，2009）。环保价值补偿机制的建立首要考虑的有三个问题，即明确补偿支付者和接受者、补偿强度、补偿渠道（Silva et al.，2012），继而在补偿主体明确、补偿强度合理的前提下，建立以产业、公民为主体的环保价值补偿机制（Wirl et al.，1998；Costinot et al.，2014）。汤吉军（2009）的研究弥补了环境资源定价时通常采用的边际成本定价的不足，认为生态资源在不确定条件下会产生沉淀成本，在考虑环境资源定价时要考虑期权价值。也有学者从外部性的角度理解环保价值补偿，认为是一种使外部成本内部化的环境经济手段。目前学术界对补偿机制的定量研究较少，于波涛等（2010）构建资源环境 CGE 模型，引入资源价值补偿对资源和环境的影响情况，研究表明，引入资源价值补偿后能有效改善资源和环境状况，促进社会经济和资源环境的可持续发展，但前提是要制定合理的资源价值补偿标准和政策。

2.3.3.2　补偿方法

关于补偿方法的核心问题包括补偿方式、补偿途径、成本核算、补偿资金来源等。袁广达（2014）通过综合评价模型，计算了重污染行业对非重污染行业环境成本补偿公式，提倡建立重污染行业环境补偿超级基金制度（Tsikalakis et al.，2008）。王辉等（2011）结合煤炭企业生命周期提出了动态补偿采煤塌陷区，选择合适的时点能有效减少生态补偿投入。禹雪中等

（2011）研究了我国流域生态补偿标准，并认为，污染赔偿主要由水污染造成的治理成本、经济损失构成，保护成本主要由水环境保护成本和水资源保护价值构成。赵卉卉等（2014）通过梳理流域生态补偿标准的研究进展发现，生态服务价值法、生态保护成本法和支付意愿法是主流的方法，可以用水足迹和博弈模型两种方法进行尝试，且当前的补偿方法以静态为主，可以考虑根据动态变化的特点建立补偿标准。郭荣中等（2017）利用生态足迹的方法，通过对生态系统服务价值、生态足迹与承载能力等的测算，确定了澧水流域生态补偿标准。但由于生态系统服务价值的本质是主观的，因而生态系统服务价值难以评价（Dunn et al.，2003），近年来，有研究提出，以生态措施造成的经济行为损失为基础确定生态补偿标准（Pang et al.，2013；Sisto，2009）。张文珺等（2018）调查发现，德国的生态补偿包括就地直接补偿、间接补偿、土地储备和现金补偿。王坤等（2018）认为，长江经济带生态补偿方式为央地两级政府主导下的资金补偿，补偿标准为良好水体保护性补偿与污染水体改善补偿。伊等（Yin et al.，2018）建立一种新的方法来确定促进水力发电释放高流量的生态补偿标准，考虑了水库流量和水电价格的不确定性，提出了一种确定生态补偿标准的随机规划方法。

通过对价值补偿理论的简要回顾，可以发现现有价值补偿研究主要聚焦在生态价值补偿领域，但这些文献中对价值补偿的原则、方式和途径，对补偿机制设计的方法和思路，都对本书的研究有借鉴意义，对本书系统地研究微电网价值补偿机制有一定的启发。

2.4　微电网价值补偿研究动态

2.4.1　微电网资源价值研究

从资源基础理论的角度来看，微电网的资源价值是微电网技术经济研究的基础性问题，对微电网资源价值的分析和研究有利于为其他研究奠定基础。现有文献对微电网价值的研究较少，学者们主要从归纳微电网的资源价值、评估微电网的价值、运用微电网资源价值三个方面开展相应的研究。

一些研究主要从环境和经济角度来分析微电网所带来能源消费、节能减排、环境效应等方面的问题，进而分析和研究微电网的资源价值。例如，吴丰林和方创琳（2009）从能源消费和经济产出的角度，利用时间序列数据和当量代算的方法评估了中国风能资源的实际开发储量价值，以此对风能资源开发的阶段进行划分并论述了相关的发展策略。李志学等（2017）从新能源资源节约和环境改良的环境效应价值的角度基于西部地区的风电产业测算了风电的环境价值，并以此为基础分析了当前环境价值与补贴的缺口，发现现有补贴小于环境效应价值，且补贴呈不断下降趋势，分析了相关影响并探讨了促进新能源可持续发展的策略。白丽飞（2016）从甘肃风电产业的正向和负向环境溢出效应出发，分析了风电产业正向溢出效应的减少污染物排放和煤炭开采成本以及负向溢出效应的风电场自身的排污情况，分析发现正向溢出远大于负向，风电产业具有重要的环境价值。风力发电具有重要的节能环保价值，风力发电的优先调度具有显著的环境改善效果（Zhao et al.，2017）。也有研究基于分布式发电在节能减排上的价值，分析了光伏发电的碳价值和相关影响因素，并探讨了相关因素如何影响光伏发电的碳价值（Xu et al.，2018）。艾哈迈德和阿拉姆（Ahmad and Alam，2017）从印度经济和环境的角度，验证了微电网对经济发展所需电力能源提供的价值以及社会可持续发展需要减少温室气体排放的价值，并以此提出了微电网发展的一个基本框架。科拉多等（Corrado et al.，2018）区别于微观经济分析，从宏观的角度分析了可再生能源发电项目对经济的影响，发现可再生能源项目不仅具有重要的环境价值，同时也具有显著的经济价值，对于投资和经济的增长产生积极的影响。

一些研究则主要利用博弈模型和实证方法来评估微电网在可再生能源、碳减排等方面的价值，以将微电网的价值计量化和衡量化，并以此进行研究。例如，俞萍萍（2012）分析了国际碳价格交易对可再生能源投资的影响，利用实物期权理论量化和确定可再生能源的项目投资期权价值。黄守军等（2017）运用实物期权方法评估了风电的期权价值和项目价值，并以此分析了相关的投资策略。刘吉成等（2017）从能源互联网的角度分析了风电产业的数据集成和信息共享，以此从信息和服务质量角度来提高风电产业的价值增值。武光等（2015）用案例研究方法，发现太阳能光伏等新兴产业倾向于使用交易型和共生型商业模式，以促进新兴产业的发展，并以此构建了新兴产业的商业动态转换模型。陈瑜和谢富纪（2013）从光伏产业低能耗和减少污染物排放的价值角度，分析和建立了产业的创新价值链分析框架，并提出了促进产业发展的建议。刘会政和宗喆（2017）从光伏产业全球价值链的角度，分析了我国光伏产业在价值链中的地位，分析发现，我国光伏产业的升级比重高于降级比重，升级产品主要分布于系统集成环节，降级产品集中于电池生产环节，从侧面反映出我国光伏产业的价值环节。

另一些研究则从微电网资源价值的特点出发，探讨不同情境下采用不同的相关方式来使微电网项目资源的价值得到利用，以实现其微电网项目资源的价值。例如，西瓦拉苏等（Sivarasu et al.，2015）以印度为背景，分析了微电网对提高可再生能源利用、减少对化石燃料发电的依赖以及对满足印度居民消费用电的价值和适用性，运用案例分析了相关的关键制约因素和解决方案。阿德法拉第等（Adefarati et al.，2018）利用矩阵实验室（MATLAB）的 fmincon 优化对微电网系统的生命周期进行了分析，分析发现，微电网系统利用的可再生能源技术可以优化电力系统的可靠性，降低电力系统的生命周期成本、温室气体排放成本和负荷损失的年度成本，有效解决居民的电气化工程问题，特别是解决农村电气化工程和停电问题。张明明等（2014）利用实物期权方法构建了光伏发电项目的投资评价模型，并分析了项目的投资价值和投资时间，发现为促进项目发展需提高政府补贴、研发补贴以及建立稳定有序的市场。威廉姆斯等（Williams et al.，2018）以卢旺达为背景对微电网的投资风险进行了评估，发现微电网在满足偏远地区的电力接入方面有重要价值，同时也对微电网建设的相关风险进行评估并提出了相应的解决方案。社区型太阳能光伏微电网，对于满足多样化电力需求和降低电力部门碳排放具有重要作用，并提到用上网电价、排污许可证、核证减排量等方式激励其发展（Chen and Wei，2018）。汉切维奇等（Hancevic et al.，2017）分析了墨西哥家庭光伏发电的情况，指出家庭光伏发电可减轻能源补贴负担和增加可再生能源的利用比率，在经济和环境两个方面具有积极的效果。塔帕尔等（Thapar et al.，2017）针对印度推广可再生能源项目计划，提出了当地政府特别是村庄可用提供土地的方式作为股东参与项目以获得收益的同时，推动可再生能源的部署。洛佩兹－冈萨雷斯等（López-González et al.，2017）针对微电网对偏远地区接入电气化的价值，从技术和经济角度分析了中南美国家使用微电网来进行农村电气化，并设计了相关系统和优化以促进微电网技术的采用和推广。

2.4.2　微电网政府补贴机制研究

微电网发展初期，由于微电网的成本—收益问题，导致微电网的收益无法平衡其开发成本。微电网作为利用可再生能源的重要方式，其发展从环境和经济角度来看，均具有重要价值和正的外部性。在微电网初期，需要相应的补贴以促进微电网项目的发展。相应文献关于微电网补贴的研究主要从微电网补贴缘由、如何进行补贴以及从补贴出发如何促进微电网发展三个方面展开。

一些学者主要从微电网资源的价值以及正外部性角度出发，探讨为促进微电网的发展政府应出台相应的财政补贴政策以激励微电网的发展，并开展了相应的研究。例如，赵文会等（2016）通过考虑技术研发补贴、电价补贴、税收等因素的影响，构建了风电项目的激励机制模型，计算了政府补贴额度和税收率，并以此提出相关激励性的建议。魏向杰（2015）在对国外支持新能源发展的财税政策研究的基础上，提出了我国支持新能源发展的财税政策体系的相关建议，以此促进新能源产业的发展。余东华和吕逸楠（2015）认为，在光伏产业等新兴产业存在"市场失灵"和"体制扭曲"的情况下，需要政府提供适当的补贴和扶持政策，以提高其研发能力和生产能力，促进其发展。李凤梅等（2017）基于光伏上市企业的面板数据分析发现，政府补贴显著地促进了企业的研发支出和创新绩效，从而有利于促进企业的扩张投资和改善企业的经济绩效。宣晓伟（2015）在分析我国光伏发电面临的问题的基础上，提出政府应制定相应的补贴和支持政策以及营造公平稳定的市场以促进分布式发电的发展。王文静和王斯成（2016）在分析分布式光伏发电现状以及集中和分布式的优缺点的基础上，提出政府应出台相应的补贴配套政策以推动分布式的发展。有研究以中国垃圾焚烧发电为研究对象，分析发现，这种可再生能源方式具有很好的环境效应和节能减排效果，适当的补贴可有利于其很好地发展和节能减排（He and Lin，2019）。王风云等（2020）通过分析中国的可再生能源补贴情况，提出了政府应根据不同发展阶段可再生能源行业的情况，动态调整产业引导政策，优化可再生能源电价补贴方式，提高发电协同上网能力和创新可再生能源运营模式，促使可再生能源企业提高竞争力，逐步摆脱对固定电价补贴的依赖。研究发现，分布式光伏补贴的效果受到区域经济发展水平的限制，成本的降低可以解释国家分布式光伏补贴的减少，因此，应鼓励技术创新，补贴将一直是分布式光伏建设的重要工具，直到它能够以可比的价格实现与电网的连接（Tang et al.，2021）。

一些学者则针对政府对微电网的补贴来探讨如何补贴、怎样补贴、补贴多少才能有利于和促进微电网的发展开展了相应的研究。例如，郁建兴和王茵（2017）通过对光伏企业的案例研究发现，政府的财政补贴政策不仅对产业的投融资、技术创新与市场开拓产生影响，还对制定的相应补贴策略以促进基础研发、知识产权保护、市场运行等方面产生影响，以创造发展与公平竞争的市场环境促进产业的发展。有研究利用实物期权理论和演化博弈模型分析了微电网储能系统的补贴，发现储能的电价补贴和成本补贴相结合可有效降低微电网投资风险和提高微电网的投资价值，进而有利于微电网的扩散（Chen，Zeng and Xu，2019）。有研究以中国上市清洁能源公司的财务数据为背景，分析了事前事后政府补贴对清洁能源行业创业和研发投入的影响，研究结果有助于设计合适的补贴政策促进清洁能源行业的发展（Peng and Liu，2018）。另有学者以中国光伏产业补贴为研究背景分析发现，政府补贴合适的进入时间是行业初期，中期和后期的补贴将造成产能过剩，并分析了政府补贴合适的退出时间（Xiong and Yang，2016）。有学者（Chou，Thi Anh Tuyet and Yu，2015）。卡维基（Cavicchi，2017）以美国可再生能源发电为研究对象分析发现，可再生能源发电的补贴不仅应考虑生产还应考虑其对环境外部性的影响，以促进可再生能源的发展。阿布雷尔、科什和劳施（Abrell，Kosch and Rausch，2019）通过对德国和西班牙的可再生能源补贴进行研究发现，光伏补贴有助于减少二氧化碳的排放，对风电的补贴有利于降低成本，促进风电的推广和利用。何、庞和李（He，Pang and Li，2018）以中国光伏发电补贴为研究对象建立了动态补贴模型，分析发现，内部收益率、技术学习曲线、资源水平等对光伏补贴具有重要影响，需基于这些影响因素制定合适的补贴。菲舍尔、格瑞克和罗森达尔（Fischer，Greaker and Rosendahl，2016）通过对两国家和地区的能源合作补贴进行研究发现，对上游可再生能源技术合作的补贴降低能源供应不足和提高了排放，对下游能源供应的合作补贴挤出了外国排放和提高了上游的利润，可发现对可再生能源上下游合作的补贴均有利有弊，需要寻找两者之间的平衡。黄涛珍等（2020）认为，建立有效的考核监管制度关键在于中央政府要适当增加对地方政府的奖励且避免过度激励，地方政府通过惩罚机制加大对电网企业完成两种最低配额指标的约束强度。有学者对可再生能源微电网进行了经济评估，建议政府提供的基于投资的政策可能比基于生产的政策更为有效（Wang and Hsu et al.，2020）。

另一些研究从微电网补贴的目的是促进微电网发展的角度出发，研究了微电网政府补贴机制及与其他机制如何相互作用和协同，以促进微电网补贴目的的实现，进而推动微电网的发展，并以此开展了研究。例如，杨飞（2017）基于上市公司数据利用 GMM 和 Tobit 方法研究了环境补贴与技术创新关系，发现我国的清洁能源与化石能源呈互补关系进而导致补贴对清洁能源技术的促进效果小，提出政府应提高清洁能源与化石能源的替代关系以推动清洁能源技术的发展。孔令丞等（2018）分析了可再生能源发电与电网的合约关系，强调双方可签订收益共享合约促进可再生能源的并网，并结合政府补贴，探讨了促进可再生能源的发展策略。张世翔和田琴丹（2016）分析了上网电价及 DG 补贴对微电网调度的影响，利用混沌粒子算法建立并求解了微电网的调度优化。有研究以中国台湾地区海上风电的补贴为研究对象分析发现，仅上网电价补贴对投资吸引力还不够，还需要分区域性实施资本成本补贴和区域适应性补贴，以更好地促进海上风电的发展（Thi Anh Tuyet and Chou，2018）。有学者基于中国可再生能源的面板数据运用计量方法分析了政府补贴对企业研发投资的影响，发现政府补贴对研发投资具有挤出效应，同时这种挤出效应变化呈峰状，存在最优的补贴空间，表明政府在一定范围内的补贴可激励可再生能源的研发投资（Yu，Guo and Le-Nguyen et al.，2016）。有学者分析了中国家庭太阳能光伏项目的补贴和成本情况，发现中央政府的上网电价补贴结合地方政府的初始投资补贴将有利于促进家庭太阳能光伏的发展（Shuai，Cheng and Ding，2019）。陈和宋（Chen and Song，2017）基于委托代理模型分析了政府对可再生能源投资者补贴的委托代理关系，以最大化环境和经济目标，并分析了相关因素与补贴政府的关系和对其的影响，有利于政府设计有效的补贴计划促进光伏发电的发展。

2.4.3　微电网可再生能源配额制研究

可再生能源配额制作为重要的手段对电力系统中可再生能源的采用具有重要作用。其不仅可从政府管制的角度促进电力系统可再生能源占比的提升，也可从市场交易角度补偿微电网建设的成本和收益以促进微电网产业的发展。现有关于微电网可再生能源配额制的研究主要从为什么要实行可再生能源配额、如何实施以及从可再生能源配额出发如何提高可再生能源的占比三个方面开展研究。

一些研究主要是分析可再生能源配额制度的价值，并以此来说明实施可再生能源配额的重要性和必要性。例如，刘层层等（2017）建立了寡头竞争模型，分析了补贴和配额制对电力价格和消费者剩余和社会福利的影响，发现补贴和配额制有利于提高可再生能源的投资和提高收益。马子明等（2017）分析发现，配额制有利于利用市场方式激励可再生能源的需求和供给，有利于从市场的角度引导可再生能源的投资和发展。王腾飞等（2019）考虑了可再生能源配额和偏差电量考核对售电公司和微电网的影响，强调两者的合作可降低考核成本，提高双方的收益。覃欣等（2018）在分析可再生能源发展问题的基础上，强调电力体制改革中应建立起市场化的可再生能源配额交易生态以促进可再生能源的发展。赵加强（2014）在分析光伏发电发展的法律政策问题时，提出应充分运用可再生能源配额、绿证电力交易、强制购买、经济激励等制度，以政策工具优化促进光伏发电的发展。林绿等（2017）在分析德国和美国能源转型的基础上，提出我国能源的转型应充分发挥价格、税收等的杠杆作用以及金融工具的促进作用，例如可再生能源配额等，以促进可再生能源与其他能源的协调发展。于娟（2015）在分析我国可再生能源发电现状的基础上，提出需完善上网电价、电价补贴和可再生能源配额交易制度，以促进可再生能源的发展。赫尔伯特、马莉和周等（Hurlbut，Ma Li and Chou et al.，2017）在分析美国电力市场发展过程经历的阶段基础上，提出中国可制定相应的可再生能源配额机制和调度决策机制与推动清洁能源的调度和发展。王辉等（2020）在分析了可再生能源配额制下电力市场多主体交易决策基础上发现，实施可再生能源配额制及其配套的绿色证书交易制度能够有效地促进可再生能源电力的消纳，减轻政府的补贴负担。有研究通过两阶段模型，比较了不确定性条件下发展中的可再生能源行业中的上网电价和可再生能源配额制的影响，分析出可再生能源配额的生产和利润保持相对稳定，随着可再生能源成本的降低，可再生能源配额制的激励作用将不断增强（Yang and Jing et al.，2021）。

　　一些研究则主要从可再生能源配额制度本身出发，探讨如何、怎样实施可再生能源配额，以设计合理有效的可再生能源配额方案。例如，张钦和蒋莉萍（2012）以美国加州的可再生能源发展情况为基础，阐述了其可再生能源配额制和分布式电量计量和结算制度，并以此为基础提出了我国发展可再生能源配额的相关建议。陈政等（2014）分析了可再生能源发电参与电力市场的机制，提出可形成电价形成机制、竞价策略以及可再生能源配额制，以促进可再生能源发电的发展。有学者认为，电力是中国最大的碳排放行业，面对减排压力需要一定的可再生能源，因而构建了发输电模型分析了可再生能源配额制度和碳限额政策对中国发输电的影响（Xiong, Zhang and Mischke et al.，2014）。柯里尔等（Currier et al.，2018）分析发现，在配额制度下绿色电力生产者没有动力通过技术来削减所有成本，通常可以预期他们会进行战略成本填补，提出通过战略成本填补和配额变化来激励可再生能源的利用。瓦莱丽·朗特里（Valerie Rountree，2019）运用案例分析了美国可再生能源组合标准政策，并分析了可再生能源组合标准政策与相关补贴对其利益相关者的影响。有研究利用演化博弈分析了可再生能源配额、绿色证书、补贴和罚款之间的关系，研究发现，降低补贴和更高的罚款有利于促进绿色证书和可再生能源配额的实施（Zuo，Zhao and Zhang，2018）。有研究通过演化博弈分析发现优化配额、提高罚款、降低交易成本、降低绿色发电成本与热点联产成本的差异提高可再生能源组合标准的有效性（Zhao，Ren and Zhang，2018）。本托、加格和卡菲内（Bento，Garg and Kaffine，2018）对美国的可再生能源组合标准进行研究发现，可再生能源组合标准可带来资源使用和减排，但两者存在权衡，因而需基于各州各地区的资源禀赋和经济环境标准来制定合适的可再生能源组合标准政策。有研究针对中国可再生能源组合标准进行了研究，指出中国可再生能源组合政策需要针对中国各地区具体的情况制定各地区合适的可再生能源组合政策（Wang，Wei and Yuan，2018）。

另一些研究从可再生能源配额的目的出发开展研究。可再生能源配额的目的是提高可再生能源的利用和占比，以此目的出发探讨可再生能源配额及相关制度如何实现这一目的，以促进可再生能源的利用。例如，奥利弗和康纳（Oliver and Khanna，2018）构建了生物燃料和环境政策分析模型，分析了美国可再生能源组合标准对福利成本和温室气体减排的影响，研究发现可再生能源组合标准降低了美国的福利成本，有利于温室气体减排和降低煤炭的使用。卡利、戴维斯和思朋斯（Carley，Davies and Spence，2018）利用实证分析发现，美国的可再生能源组合标准的实施有利于增加可再生能源的使用。巴塔查里亚、詹纳卡斯和舍恩戈登（Bhattacharya，Giannakas and Schoengold，2017）以美国电力市场为对象，分析了可再生能源组合标准和绿色证书交易对市场和社会福利的影响，发现政策的引入旨在增加绿色能源的使用，但分析发现政策的引入减少了绿色电力的使用，增加了电力价格和成本，分析还发现，政策的设计对这些发挥关键的作用，需要设计合适的政策。里岑霍芬、伯奇和斯宾勒（Ritzenhofen，Birge and Spinler，2016）利用动态长期投资分析模型分析了可再生能源支持计划，分析发现，可再生能源组合标准、上网电价和市场溢价三个方案均有利于降低可再生能源的利用成本，提高可再生能源的采用和降低二氧化碳的排放。阿尔瓦罗－加西亚、卡贝萨－加西亚和苏亚雷斯（García-álvarez，Cabeza-García and Soares，2017）利用面板数据分析了欧盟各国上网电价和可再生能源配额对可再生能源装机的影响，分析发现，上网电价增加了可再生能源装机容量，可再生能源组合标准需要建立更无风险的框架以增加投资者的信心。有研究以中国风电行业为例，利用系统动力学模型分析了可再生能源行业的发展，分析发现，上网电价和可再生能源配额有利于促进风电行业的发展，同时可再生能源配额和绿色证书交易二者之间的配合发展对可再生能源行业具有长远的影响（Zhang，Zhao and Ren et al.，2017）。有学者分析了上网电价和可再生能源组合标准在韩国的经济效率，发现从政府来看，可再生能源组合标准对于风电、生物质、燃料电池的利用效率更高，上网电价对于光伏利用效率更高（Choi，Huh，Heo and Lee，2017）。也有学者对中国电力市场的政策和经济效益进行了定量研究，发现可再生能源组合标准和证书交易相对于上网电价，降低了政府的财政支出和电力行业利润，同时发现两者不足以实现可再生能源目标，需要与上网电价政策相互补充实施而不是独立实施（Zhang，Wang and Li，2017）。波尔津、埃利和斯蒂芬（Polzin，Egli and Steffen et al.，2019）分析了政府政策对私人资本投资的影响，并发现上网电价、拍卖、可再生能源组合标准等政策可有效降低可再生能源的投资风险，增加投资回报，有利于促进私人资本对可再生能源的投资。

2.4.4　微电网绿证交易机制研究

绿色证书交易机制作为可再生能源价值交易的重要手段，可以通过市场交易的方式补偿可再生能源的价值,对于可再生能源的成本和收益具有重要的补偿作用,可有效地促进微电网和可再生能源项目的推广。现有关于绿色证书交易的文献主要从绿色证书交易的必要性、绿色证书交易关键因素和相关影响以及如何有效实施绿色证书交易三个方面开展研究。

一些学者主要从绿色证书交易的价值出发,探讨绿色证书交易对可再生能源利用的影响,以此说明绿色证书交易的必要性。例如冯奕等(2017)对可再生能源配额制在不同国家和地区进行了总结和比较,分析了我国实施可再生能源配额的可行性和风险并提出了相关建议。柯里尔和拉苏里-柯里尔(Currier and Rassouli-Currier,2018)分析了绿色证书交易和可再生能源配额对可再生能源生产商技术成本降低和战略成本填充具有重要的影响,以此激励其对可再生能源的采用和生产。有学者运用两阶段模糊随机规划方法分析了碳排放交易和绿色证书交易对能源供应和发电的影响,并以上海能源系统规划为例,分析发现,可利用两者将城市能源过渡到清洁能源的使用,同时降低了电力系统的碳排放,有助于产生有效的能源供应和发电方案(Suo,Li and Jin,2017)。帕瓦洛亚和乔治斯库等(Pavaloaia and Georgescu et al.,2016)以罗马尼亚为研究对象,在考虑绿色证书交易与能源生产系统关系的基础上,研究认为,绿色证书交易有利于降低能源进口、增加就业、促进地区经济发展、减少环境污染和碳排放,地区需鼓励使用绿色证书交易,促进可再生能源的发展。余杨等(2020)构建绿证定价和财税减负效应模型,论证发现,绿证交易有助于财税减负,售电配额的市场交易效率更高。

一些学者则主要从绿色证书交易关键因素出发,分析绿色证书交易的关键因素及相关影响,为设计有效的绿色证书交易提供基础和支持。例如,俞萍萍(2018)利用期权博弈,构建了两阶段的可再生能源投资期权博弈模型,分析了绿色证书交易机制下的可再生能源发电定价机制,并分析了企业相关的投资决策行为,提出了可再生能源配额制政策制定的建议。皮内达和博克(Pineda and Bock,2016)研究了绿色证书交易市场下可再生能源配额和违规处罚对可再生能源的激励作用,同时提出电力、绿色证券交易市场的相互作用有利于提高可再生能源的利用。胡斯特维特、弗罗格纳和弗莱腾

（Hustveit，Frogner and Fleten，2017）构建了随机动态规划模型来研究瑞典—挪威的绿色证书交易市场，分析发现，电价、惩罚措施和管制政策对可再生能源的生产商在获取绿色证书的投资决定上产生显著影响，需要进行合适的管制政策设计以促进可再生能源的利用。舒塞尔和贾莱特（Schusser and Jaraite，2018）基于欧盟排放交易系统和瑞典—挪威绿色证书交易系统，利用多元向量自回归分析了碳交易市场、绿色证书交易市场和电力市场的相互作用，发现碳交易价格的上涨有利于促进绿色证书交易价格的上涨，有利于可再生能源的使用。芬约德等（Finjord et al.，2018）基于瑞典—挪威绿色证书交易补贴制度，对瑞典和挪威两国可再生能源投资行为进行了分析，发现补贴期限对项目投资具有重要影响，同时发现绿色证书价格的崩盘也降低了可再生能源项目的投资期权价值。费兹安尼和哈克沃特（Fagiani and Hakvoort，2014）基于瑞典—挪威绿色证书交易市场情况，利用案例分析发现，政府监管的不确定性，影响了绿色证书的价格波动，监管风险和价格风险均负向影响了市场对可再生能源的投资。

　　还有一些学者主要从绿色证书实施的有效性出发，研究如何设计有效的绿色证书交易机制，以使绿色证书交易机制可有效地实现其补偿可再生能源价值，鼓励采用可再生能源的目的。例如，孙谊媝等（2018）利用双层规划模型探讨了绿色证书下可再生能源的跨区消纳问题，求解和分析了最优报价、最大利润和市场出清，有利于促进绿色证书制度下的电力交易。陈志峰（2018）认为，可再生能源的发展需从政府扶持向市场配置资源转变，分析了配额制和绿色证书在市场配额制中的核心作用，并分析和探讨了相应的权力体系，以促进配额制和绿色证书交易制度的完善。于雄飞和郭雁珩（2018）构建了基于绿证交易和补贴的绿证定价动态模型，分析了绿证定价和交易，以促进绿证交易的发展。奥尼、达伦和哈格姆（Aune，Dalen and Hagem，2012）发现，欧盟各成员差异化的可再生能源利用目标降低了欧盟总目标的实现，研究认为，绿色证书交易可显著影响各国的成本分配，提高欧盟整体的可再生能源利用目标。徐（2016）利用细菌群体趋药性算法分析了绿色证书交易对电力系统调度的影响，发现不同绿色证书的交易水平对电力系统的成本和碳排放具有显著的影响。哈萨尼-马祖尼和侯赛尼（Hasani-Marzooni and Hosseini，2012）将绿色证书交易的支持激励考虑到风电项目的投资中，研究参与各方的补贴策略。有学者将绿色证书交易和碳交易考虑到风电区域间调度优化中，以构建交易的风电调度方案，降低风电预测误差对电力系统运行的影响（Ju，Li and Yu et al.，2016）。刘秋华等（2020）提出了基于预测曲线偏差量减计原理的绿色证书计算方法，将可再生能源预测曲线与实际发电曲线的偏差量对应绿色证书数量用于补偿辅助服务，设计了调频辅助服务绿色证书量化分配的方法。李雅超等（2021）梳理了电力市场与绿色证书市场之间的关系，构建了与电力交易量相关的绿证交易模型。

2.4.5　对现有研究评价

通过以上对微电网资源价值、微电网补贴机制、微电网可再生能源配额机制和绿色证书交易机制进行文献综述，可发现目前国内外不同领域的学者越来越关注微电网价值及其价值补偿相关领域，并围绕这些领域进行了有益的探索，但这些研究较为零散，不够系统和深入，主要有以下表现。

（1）现有关于微电网资源价值的研究主要集中于概念化阶段，缺乏从微电网利益相关者的角度系统地梳理和探讨微电网的资源价值。特别是在我国现有的电力体制背景下，电网公司作为微电网建设的关键利益相关者，在微电网的核准、开发、运营及上网电价补贴的获得等价值补偿方面具有非常重要的影响，而现有研究并未关注电网公司对微电网价值补偿的影响。

（2）现有关于微电网补贴的研究较少，主要偏向于探讨微电网补贴机制的必要性，补贴方式及不同补贴方式对企业及社会产生的影响，缺乏系统深入地讨论，特别是未从产业链的角度探讨政府补贴对微电网产业链各利益相关者产生的影响以及微电网如何在补贴中得到价值补偿的问题。

（3）现有关于可再生能源配额和绿色证书方面的研究，主要集中在可再生能源发电方面，重点关注了可再生能源配额和绿证制度的重要性与必要性、如何实施以及实施效果，缺乏将微电网和可再生能源配额制及绿证制度结合起来的研究，未系统地探讨可再生能源配额制和绿证制度如何在微电网价值补偿中发挥作用，进而如何促进微电网发展。

综上所述，现有的微电网价值补偿机制存在着补贴资金不能及时到位、补贴效果重发电轻消纳等局限，且随着微电网行业的发展，微电网价值补偿也会经历从政府干预到市场调配的过程。因此，本书基于对以上微电网价值补偿相关理论和相关文献的研究，基于利益相关者视角，梳理微电网项目价值，从微电网系统内部和外部市场研究微电网价值补偿机制，为微电网得到合理的价值补偿作出有益的尝试。

第 3 章

"双碳"目标下微电网价值
及价值补偿现状分析

上一章节主要介绍了微电网价值补偿相关基础理论,重点梳理了微电网资源价值、微电网补贴机制、微电网与可再生能源配额制以及微电网与绿色证书制度的相关研究现状,通过对以上文献的分析,总结其不足与局限,为后续章节寻求突破之处。探究微电网价值补偿机制,首先要明晰"双碳"目标下微电网有哪些价值;其次要明确现有微电网价值补偿机制及其补偿机理。本章的目的在于,为微电网价值补偿机制研究提供背景支持和设计依据。

3.1 "双碳"目标下微电网价值分析

3.1.1 微电网的经济价值

当前,在我国大力推进绿色低碳循环发展的背景下,能源体系绿色低碳转型成为基础设施绿色升级的重要抓手,微电网产业属于国家大力支持的新兴产业,从中央到地方各级政府均出台大量的政策鼓励其发展。这主要源于微电网的开发具有较大的经济价值,下面我们首先梳理微电网项目开发的流程；其次分析微电网项目经济价值的具体表现。

3.1.1.1　微电网项目开发流程分析

微电网项目开发产生微电网电力，微电网电力是可再生能源经过一系列开发环节之后形成的电力产品，微电网电力产品在电力市场上进行交易实现其经济价值，因而微电网项目也具有经济价值属性。当微电网项目经过初步的调研、论证立项后，经过宏观选址、工程规划、可行性研究、项目核准、备案文件办理、电力接入办理、项目建设、项目并网、后期运营维护等相关环节后，形成了可再生能源电力产品。由于微电网实际开发中根据不同的用户需求采用不同的开发模式，不同的开发模式有不同的开发流程，本书以产业园区型为例介绍微电网项目开发主要流程，流程如表 3.1 所示。

表 3. 1　　　　　　　　　产业园区型微电网开发流程

开发流程	具体事宜	主要参与单位
项目决策	项目选址、发电资源测量	项目业主
	项目可行性论证、核准审查、项目备案	项目业主、政府、电网公司、咨询单位、银行
项目建设	建设前期准备、施工、设备安装	项目业主、政府、施工单位、设计单位、监理单位、设备供应商
	并网验收	电网公司
项目运营	日常运营维护	项目业主、电网公司、用户

通过以上对微电网项目开发流程的分析，可见微电网项目的开发过程凝结了各利益相关者的劳动，也是价值增值的过程，各利益相关主体可以根据投入的贡献大小获得相应的经济收益。

3.1.1.2　通过销售微电网电力获得直接经济报酬

根据微电网的技术特性，微电网项目既可以与主干电网（如电网公司）断开离网运行，独立地为边远地区、海岛、小区、产业园区等业主提供清洁电力，满足业主个性化的电能需求获得经济报酬，也可以通过与主干网并网运行，与主干电网联合开展电力销售获得经济报酬。当微电网与主干电网并网时，微电网可以借助主干电网将富裕的清洁电力销售给更多的用户，提高微电网电力的消纳能力，减少弃风限电和弃光限电。同时，微电网也可以参与主干电网的有偿调峰等业务获得经济报酬。对于主干电网而言，通过帮助微电网消纳更多的电力而收取更多的过网费，获得相应的经济收益。

3.1.1.3 提高能源综合利用率，降低用户用能成本

微电网配备储能设施和控制设施，具有控制灵活、可靠性高、靠近用户侧的特点，这些特点使微电网易于接入冷热电联产系统，为用户提供冷、热、电三种形式的能源产品，实现能源梯级利用。由于微电网靠近用户侧，可以尽可能地减少发电机组和负荷间的热能传输损耗实现能源利用效率的最大化，总体发电效率可以由传统火电技术的 33% 或联合循环燃气轮机的 50% 提高到 80% 以上，有效降低用能成本，减少碳排放。再如青岛特锐德电气股份有限公司打造的"汽车充电网"与"新能源微电网"双向融合系统，实现的"能量双向流动"。经测试，特锐德园区里的 32 台新能源电动车同时放电，400 千瓦的电能瞬间汇入园区电网，经过 4 个多月的运行，该系统使特锐德园区用电成本下降 30%。

3.1.1.4 改善局部地区供能，促进当地经济发展

微电网通过项目自身的运营，为当地的财政收入作出了积极贡献。特别是我国可再生能源富裕的地区，例如风能，主要分布在内蒙古、甘肃、宁夏等边远地区。微电网项目的开发可以在一定程度上改善当地的供能现状，为当地经济发展提供良好的能源基础设施硬实力，增加了招商引资的吸引力，可以优化当地生产力布局和经济结构，可以提升当地的生产总值，改善当地人们的生活。

3.1.2 微电网的利益相关者价值

根据效用价值论，价值是客体表现出来的对主体的积极意义和有用性。

微电网的项目开发涉及多个利益相关者，因此，从利益相关者的角度来看，微电网项目资源价值可以概括为微电网项目资源对各利益相关者表现出的积极意义和有用性。在此基础上，结合前面对微电网项目开发流程中价值增值过程的分析，可知从可再生能源到微电网电力的转化过程中，微电网项目开发涉及众多的利益相关主体。依据本书第 2 章对利益相关者定义、分类的分析，本书结合我国工程项目实践，借鉴吴玲（2005）的研究，基于资源基础理论、资源依赖理论两个重要理论，在微电网开发的不同阶段，根据利益相关主体是否为微电网提供了微电网赖以生存的关键资源，将其分为关键、一般和边缘三类利益相关者。接下来将对微电网利益相关者进行角色分析，如表 3.2 所示。

表 3.2　　　　　　　　　　产业园区型微电网利益相关者

开发流程	关键	一般	边缘
项目决策	项目业主、政府、电网公司	咨询单位、银行	社会公众
项目建设	项目业主、政府、电网公司	施工单位、设计单位、监理单位、设备供应商	社会公众
项目运营	项目业主、电网公司、用户	政府	社会公众

3.1.2.1　微电网利益相关者角色分析

（1）项目业主。项目业主可能是微电网项目的投资者。无论在项目决策、建设还是开发阶段都扮演着至关重要的角色，没有项目业主的参与，微电网项目开发无从谈起。在项目决策阶段，项目业主需要进行前期的项目调研、立项，向政府各相关部门提出微电网建设申请、向工程咨询机构取得可行性报告、向银行索取资金支持或证明等；在项目建设阶段，项目业主负责组织招投标，向政府各部门提交相应的审核文件以获得开工建设的许可，项目建设过程中，负责与设计、施工及监理单位进行场内协调；在运营维护阶段，负责与电网公司接洽购售电事宜，向园区用户提供稳定的电力，同时与设备供应商保持联系以保证电力设备能正常运行。

（2）电网公司。电网公司在项目决策、建设和运营三个微电网项目开发阶段也扮演着关键利益相关者的角色。在微电网项目决策期，电网公司要对项目业主提出的并网申请组织电力相关人员进行实地勘察，并答复项目业主审批结果，颁发电力业务开展许可证；在项目建设结束后，电网公司需要受理项目业主提出的并网验收及调试申请，安装关口电能计量装置，与项目业主签订并网协议与购售电合约；在运营维护阶段，电网公司需要与微电网项目业主合力保障产业园区电力安全、稳定供应，电网公司在向微电网购电时支付标杆上网电价，并垫付应由国家支付的可再生能源上网电价补贴，直接影响微电网项目的经济收益。由此看来，电网公司参与了微电网建设三个阶段，并为微电网提供了不可或缺的资源，没有电网公司的参与，微电网项目将难以开展，因此，将电网公司视为微电网的关键利益相关者。

（3）政府。政府是政策和法规的制定者、执行者或监督者，也是社会公共服务的提供者，承担维护国家能源安全、支持战略新兴产业发展、提高社会福利的责任。微电网代表电力技术发展的新趋势，符合电网智能化发展的新要求。微电网可以有效利用可再生能源，有利于促进国家能源结构调整，同时作为电力基础设施也保障着国家电力安全、稳定的供给，也有利于促进电力体制改革。因此，微电网的发展受到国家层面高度重视，政府陆续出台相应的政策支持微电网的发展。微电网的建设开发既受到国家政策的支持和鼓励，也受到国家层面的监管。微电网的项目决策、建设阶段都需要获得政府各相关部门的审批，即便在运营阶段也需要政府出台相应的市场准入政策和交易机制，保障电力市场公平公正，加强相关数据的统计分析，制定发展规划，为微电网的发展提供有效的指导。

（4）用户。用户是微电网电力的最终使用者。当用户的数量比较分散时，用户的话语权较弱。当用户是项目业主时，微电网的建设类型会受到项目业主的需求的影响。特别是在运营阶段，用户需要根据用电需求缴纳电费，对用电情况及用电过程中产生的相关问题要及时反馈，因此，本阶段用户是微电网的关键利益相关者。

（5）咨询单位。工程咨询单位一般选择具有丰富的工程行业咨询经验和良好社会声誉的咨询机构担任，主要受政府相关部门委托，负责在微电网项目决策阶段对微电网递交的各方面证明材料做可行性评估，帮助政府了解微电网项目建设实际情况，作出科学决策。由于工程咨询机构提供的服务是根据市场价格按劳取酬，对微电网项目建设的影响主要集中在项目决策阶段，因此，工程咨询单位是微电网的一般利益相关者。

（6）设计单位。设计单位经由招标确定，设计单位根据项目业主需求制作设计施工图和规范文书，微电网将根据这两类文件进行设备招标工作。设计单位提供的服务也是根据市场价格按劳取酬，对微电网项目建设的影响主要集中在项目建设的前期准备阶段，也属于微电网的一般利益相关者。

（7）施工单位。当项目业主获得施工许可证后，经由招标确定施工单位，施工单位根据项目业主需求和施工设计图，进行项目施工，并在规定工期之内完工。施工单位对微电网项目建设的影响主要集中在项目建设阶段，也属于微电网的一般利益相关者。

（8）监理单位。监理单位作为受业主委托的第三方机构，根据设计图纸和文书，本着公平公正的原则，协调微电网建设施工环节的各项事宜，验收工程工期和质量，监理单位对微电网项目建设的影响主要集中在项目建设阶段，也属于微电网的一般利益相关者。

（9）设备供应商。设备供应商根据微电网项目建设需求提供发电相关设备，负责相关设备的安装、调试及配套服务，保障设备正常运行。设备供应商对微电网项目建设的影响主要集中在项目建设阶段，也属于微电网的一般利益相关者。

（10）银行。银行主要负责为微电网项目建设提供融资服务，以及为微电网项目提供信用担保。银行对微电网项目建设的影响主要集中在项目决策阶段，也属于微电网的一般利益相关者。

（11）社会公众。社会公众不是微电网项目的直接参与者，但是会受到微电网项目建设的影响。例如建设用地会涉及土地规划的改变，建设过程中产生的噪声和粉尘也会造成影响，这些影响可能会引起社会公众的不满，阻碍微电网项目建设的顺利开展。社会公众对微电网项目建设的影响在三个阶段都有体现，但其影响的时间和程度有限，因而属于微电网的边缘利益相关者。

3.1.2.2 微电网对利益相关者的价值分析

价值主体决定其价值目标，不同的微电网项目利益相关者有着不同的价值目标，以下梳理微电网对其利益相关者的价值。

（1）项目业主。项目业主作为微电网投资者，希望微电网项目能顺利开展，建成投产后尽快收回成本，即满足一定的经济价值，投资者收益最大化。

（2）电网公司。对电网公司而言，通过销售微电网绿色电力获得收益，促进可再生能源、清洁能源的使用。微电网项目能解决电网公司无法覆盖或成本较高才能覆盖的边远、海岛等地区的电力供应，能为传统电网智能化转型提供借鉴，借助微电网项目更好地履行保障社会电力供应的社会责任。

（3）政府。政府代表了社会公众利益，通过微电网项目的建设能增加税收、扩大就业、保护环境、提高可再生能源利用、优化能源结构、保障能源稳定安全的供给，提高社会整体福利。

（4）用户。用户希望通过微电网项目的正式运营，能为其提供可靠、灵活的电力供应，满足其个性化的电能需求，同时尽可能降低支出费用。

（5）咨询单位、设计单位、施工单位、监理单位。这四类单位主要是在微电网项目建设环节，通过提供咨询、设计、施工、监理等工程服务，获取相应的经济报酬。

（6）设备供应商。通过向微电网项目出售发电设备、储能设备等相关设备，获取经济报酬。

（7）银行。通过向项目业主提供融资服务和信用担保服务，获得经济回报。

（8）社会公众。通过微电网项目的建设开发间接获得社会收益和环境收益。

基于以上分析，微电网项目建设为其利益相关者们都带来了收益，这些收益可以概括为经济收益、社会收益和环境收益，因此，微电网项目的资源价值也具有了社会价值、环境价值和经济价值，如图 3.1 所示。

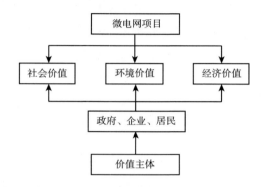

图 3.1　基于利益相关者的微电网项目价值构成

3.1.3　微电网的社会价值

微电网产业的发展具有广泛的社会价值，主要表现在以下方面。

3.1.3.1　有利于促进岗位的有效增加，培养电力行业新型人才

可再生能源微电网项目单机装机容量小于火电、大型水电，微电网装机容量的增长也是对相关发电设备的种类和数量的增加，从前期发电设备的制造、资源的测量到项目中期设备安装、调试再到项目后期的运营维护等都需要大量的专业人才参加，一方面可以培养电力行业新型人才，以适应电网智能化、网络化发展趋势，为国家电力改革储备优质人才；另一方面可再生能源微电网产业的发展有效增加了就业岗位，促进电力行业就业。

3.1.3.2　带动可再生能源产业链相关产业发展

从产业链的角度来看，可再生能源微电网项目涉及的产业链比较长，涉及的行业众多，不仅涉及钢铁、水泥、交通运输等传统行业，还涉及发电设

备、储能设备、控制设备等装备制造业，还涉及电子信息技术、互联网、物联网、大数据等新兴科学技术行业。具体而言，以风力为发电源的微电网，风力发电设备由风力发电机组、支撑发电机组的塔架、蓄电池充电控制器、逆变器、卸荷器、并网控制器、蓄电池组等组成，而风力发电机组包括风轮、发电机，风轮中又包含叶片、轮毂、加固件等。微电网产业的发展会增加对以上设备的需求，进而带动相关行业的发展，促进社会产业结构的调整和升级。

3.1.3.3 优化能源结构，促进电力体制改革

目前我国电力生产方式虽然在清洁能源生产方面加大了投入，但火力发电依旧是我国电力生产的主要方式，电源结构火电占比约80%。微电网项目广泛开展的可再生能源、清洁能源的研究、开发、利用，能持续提升电源结构中可再生能源、清洁能源占比，优化现有能源结构，节约非可再生能源资源，促进能源可持续发展，保障能源安全，助力国家"双碳"目标的实现。此外，微电网从发、售电环节参与电力市场竞争，也顺应了国家电力体制改革的趋势。

3.1.4 微电网的环境价值

可再生能源微电网项目其发电过程几乎不消耗可再生能源以外的其他资源且具有无污染排放的特点，既安全又不必破坏生态环境，具有很高的环境价值。

3.1.4.1 提高可再生能源的利用，降低非可再生能源的消耗

可再生能源发电如风能发电是通过风能转化为机械能，然后通过风机的磁感线圈，将机械能转化为电能，光能发电是利用光伏半导体材料的光生伏打效应而将太阳能转化为直流电能，生物质发电是生物质及其加工转化成的

固体、液体、气体为燃料的热力发电技术。在能量的转换过程中不会消耗其他资源，而火力发电需要用水，既消耗水资源，也会产生大量的工业污水，进而增加污水处理成本。同时，可再生能源发电不会产生类似火力发电的二氧化碳、二氧化硫等排放物，也不会对土壤形成污染。

3.1.4.2 减少碳排放，降低对环境的威胁

可再生能源微电网利用风、光、生物质等可再生能源发电具有安全、可靠、低碳、环保的特性，与环境的互动是友好的。相比核能发电来说，没有核能发电中核原料生产、储存和运输中可能的辐射危险，也没有核泄漏、核爆炸等威胁。目前欧洲部分国家以及韩国都纷纷表示将取消新建核电站计划，不再延长核电站的设计寿命，大力扶持太阳能、海洋风力等新能源和可再生能源产业。

3.1.4.3 对生态平衡的影响较小，有利于生态可持续发展

据统计，2017 年我国水电发电量占全部发电量的近 20%，水资源仍是第二大发电资源。水力发电特别是大型水力发电站会使下游水量枯竭，将会造成下游的水质质量下降，污染物得不到充分地稀释和循环，人畜饮用水将很快成为大问题，且水力发电改变了河流的径流量、汛期、枯水期等，破坏生物迁徙规律。而实施可再生能源微电网项目可以有效避免以上破坏生态平衡的行为。

3.2 微电网价值政府补贴现状

3.2.1 上网电价补贴

上网电价补贴也称为固定电价制度（feed-in-tariffs，FIT），是一种针对可再生能源的电价补贴制度。该制度下，政府通常将强制规定不同地区不同

可再生能源种类的标杆上网电价，可再生能源标杆上网电价一般高于常规上网电价（当地煤电标杆电价），其差价一般由政府补贴。上网电价补贴有一定的年限，可根据产业发展实际情况逐年递减。上网电价补贴实行较成功的国家是德国，德国上网电价补贴政策发展历程如表 3.3 所示。上网电价补贴是通过政府干预可再生能源电力价格，以可再生能源投资主体为补贴对象，目的是降低可再生能源投资主体的成本，提高收益。在我国，关于上网电价补贴资金的来源，可追溯至 2006 年正式实施的《可再生能源法》，其中明确规定，可再生能源上网电价高于常规能源上网电价的部分，附加在销售电价中分摊。随后，财政部、国家发改委、国家能源局于 2011 年发布的《可再生能源发展基金征收使用管理暂行办法》进一步明确规定，我国设立可再生能源发展基金，基金来源主要由国家财政专项拨款和电力用户缴纳的可再生能源电价附加收入构成，其中两类能源上网电价之差由可再生能源电价附加收入支出。我国的上网电价补贴政策如表 3.4 所示。

表 3.3 德国上网电价补贴政策发展历程

年份	颁布法律	制定条款
1990	《电力上网法》	向私人客户支付了至少相当于平均成本 90% 的补贴
2000	《可再生能源法》（EEG 2000）	1. 为可再生能源和煤气提供上网电价补贴； 2. 上网电价补贴根据能源、产能和/或工厂位置的不同、技术之间存在差异而不同； 3. 目标：到 2010 年将可再生能源发电的比例从 5% 提高到 10%
2004	《可再生能源法》（修正案）（EEG 2004）	扩大了上网电价补贴的适用性，允许更大的公司和公用事业公司获得补贴
2009	《可再生能源法》（修正案）（EEG 2009）	到 2020 年将可再生能源发电的比例从 5% 提高到 30%
2012	《可再生能源法》（修正案）（EEG 2012）	引入市场溢价计划作为上网电价的一种替代选择
2014	《可再生能源法》（修正案）（EEG 2014）	规定上网电价补贴上限，开始探索拍卖机制
2017	《可再生能源法》（修正案）（EEG 2017）	装机容量在 750 千瓦以下的小型可再生能源设施（在生物质中，150 千瓦）继续获得上网电价补贴，其余采用拍卖机制

资料来源：根据相关资料整理。

表 3.4　　　　　　　　　　我国上网电价补贴政策发展历程

年份	颁布法律	制定条款
2005	《可再生能源法》	对可再生能源的电价管理与费用分摊原则作出了规定
2006	《可再生能源发电价格和费用分摊管理暂行办法》	1. 风力发电项目的上网电价实行政府指导价（招标确定的中标价格）； 2. 生物质发电项目上网电价实行政府定价，电价标准由各省（区、市）2005 年脱硫燃煤机组标杆上网电价加补贴电价组成，补贴电价标准为每千瓦时 0.25 元，自投产之日起补贴 15 年； 3. 太阳能发电、海洋能发电和地热能发电项目上网电价实行政府定价，国务院价格主管部门以成本加合理利润的原则制定； 4. 开征可再生能源电价附加费
2009	《关于完善风力发电上网电价政策的通知》	分资源区制定陆上风电标杆上网电价，四类资源区风电标杆电价水平分别为每千瓦时 0.51 元、0.54 元、0.58 元和 0.61 元
2011	《可再生能源发展基金征收使用管理暂行办法》	可再生能源电价附加征收标准为每千瓦时 0.8 分
2011	《关于完善太阳能光伏发电上网电价政策的通知》	1. 2011 年 7 月 1 日以前核准建设、2011 年 12 月 31 日建成投产、尚未核定价格的太阳能光伏发电项目，上网电价统一核定为每千瓦时 1.15 元； 2. 2011 年 7 月 1 日及以后核准的太阳能光伏发电项目，以及 2011 年 7 月 1 日之前核准但截至 2011 年 12 月 31 日仍未建成投产的太阳能光伏发电项目，除西藏仍执行每千瓦时 1.15 元的上网电价外，其余省（区、市）上网电价均按每千瓦时 1 元执行
2013	《关于调整可再生能源电价附加标准与环保电价有关事项的通知》	将向除居民生活和农业生产以外的其他用电征收的可再生能源电价附加标准由每千瓦时 0.8 分提高至 1.5 分
2013	《关于发挥价格杠杆作用促进光伏产业健康发展的通知》	全国光伏发电分为三类资源区，分别执行每千瓦 0.9 元、0.95 元、1 元的电价标准。对分布式光伏发电项目，实行按照发电量进行电价补贴的政策，补贴标准为每千瓦时 0.42 元
2014	《关于海上风电上网单价政策的通知》	1. 2017 年以前（不含 2017 年）投运的近海风电项目上网电价为每千瓦时 0.85 元，潮间带风电项目上网电价为每千瓦时 0.75 元； 2. 2017 年及以后投运的海上风电项目上网电价，将根据海上风电技术进步和项目建设成本变化，结合特许权投标情况研究制定

年份	颁布法律	制定条款
2014	《关于适当调整陆上风电标杆上网电价的通知》	1. 将第Ⅰ类、Ⅱ类和Ⅲ类资源区风电标杆上网电价每千瓦时降低2分钱，调整后的标杆上网电价分别为每千瓦时0.49元、0.52元和0.56元；第Ⅳ类资源区风电标杆上网电价维持现行每千瓦时0.61元不变； 2. 鼓励通过招标等竞争方式确定业主和上网电价（该价格不得高于国家规定的当地风电标杆上网电价水平）
2015	《关于降低燃煤发电上网电价和一般工商业用电价格的通知》	将居民生活和农业生产以外其他用电征收的可再生能源电价附加征收标准，提高到每千瓦时1.9分
2016	《关于完善陆上风电光伏发电上网标杆电价政策的通知》	1. 降低2017年1月1日之后新建光伏发电标杆上网电价，三类资源区的价格分别为每千瓦时0.65元、0.75元和0.85元； 2. 降低2018年1月1日之后新核准建设的陆上风电标杆上网电价，调整后四类资源区价格分别为每千瓦时0.40元、0.45元、0.49元和0.57元
2017	《关于2018年光伏发电项目价格政策的通知》	1. 降低2018年1月1日之后投运的光伏电站标杆上网电价，Ⅰ类、Ⅱ类、Ⅲ类资源区标杆上网电价分别调整为每千瓦时0.55元、0.65元、0.75元； 2. 2018年1月1日以后投运的、采用"自发自用、余量上网"模式的分布式光伏发电项目，全电量度电补贴标准降低0.05元，即补贴标准调整为每千瓦时0.37元； 3. 采用"全额上网"模式的分布式光伏发电项目按所在资源区光伏电站价格执行； 4. 村级光伏扶贫电站（0.5兆瓦及以下）标杆电价、户用分布式光伏扶贫项目度电补贴标准保持不变
2019	《关于积极推进风电、光伏发电无补贴平价上网有关工作的通知》	1. 开展平价上网项目和低价上网试点项目建设； 2. 鼓励平价上网项目和低价上网项目通过绿证交易获得合理收益补偿； 3. 促进风电、光伏发电通过电力市场化交易无补贴发展
2019	《关于完善光伏发电上网电价机制有关问题的通知》	1. 集中式电站：上限价格分别调整为每千瓦时0.4元、0.45元、0.55元，延期一个季度并网，上网电价下降1分钱，延期第二个季度及以上，则每季度在中标价格基础上降低5%； 2. 工商业分布式光伏电站：全发电量补贴标准即招标上限调整为0.1元/千瓦时； 3. 户用分布式光伏电站：2019年1月1日起并网投运的采用"自发自用、余量上网"模式和"全额上网"模式的户用分布式光伏全发电量补贴标准调整为0.18元/千瓦时，年内不退坡，补贴标准按年度进行调整； 4. 光伏扶贫项目：纳入国家可再生能源电价附加资金补助目录的村级光伏扶贫电站（含联村电站）对应的三类资源区上网电价分别继续按照每千瓦时0.65元、0.75元、0.85元执行，光伏扶贫项目上网电价不退坡

续表

年份	颁布法律	制定条款
2019	《关于完善风电上网电价政策的通知》	1. 陆上风电上网电价：将陆上风电标杆上网电价改为指导价，2019 年 I ~ Ⅳ类资源区符合规划、纳入财政补贴年度规模管理的新核准陆上风电指导价分别调整为每千瓦时 0.34 元、0.39 元、0.43 元、0.52 元；2020 年指导价分别调整为每千瓦时 0.29 元、0.34 元、0.38 元、0.47 元。指导价低于当地燃煤机组标杆上网电价（含脱硫、脱销、除尘电价，下同）的地区，以燃煤机组标杆上网电价作为指导价。 2. 海上风电上网电价：将海上风电标杆上网电价改为指导价，2019 年符合规划、纳入财政补贴年度规模管理的新核准近海风电指导价调整为每千瓦时 0.8 元，2020 年调整为每千瓦时 0.75 元。新核准近海风电项目通过竞争方式确定的上网电价，不得高于上述指导价
2020	《光伏发电上网电价政策有关事项的通知》	1. 对集中式光伏发电继续制定指导价。将纳入国家财政补贴范围的 I ~ Ⅲ类资源区新增集中式光伏电站指导价，分别确定为每千瓦时 0.35 元、0.4 元、0.49 元。若指导价低于项目所在地燃煤发电基准价（含脱硫、脱硝、除尘电价），则指导价按当地燃煤发电基准价执行。新增集中式光伏电站上网电价原则上通过市场竞争方式确定，不得超过所在资源区指导价。 2. 降低工商业分布式光伏发电补贴标准。纳入 2020 年财政补贴规模，采用"自发自用、余量上网"模式的工商业分布式光伏发电项目，全发电量补贴标准调整为每千瓦时 0.05 元；采用"全额上网"模式的工商业分布式光伏发电项目，按所在资源区集中式光伏电站指导价执行。能源主管部门统一实行市场竞争方式配置的所有工商业分布式项目，市场竞争形成的价格不得超过所在资源区指导价，且补贴标准不得超过每千瓦时 0.05 元。 3. 降低户用分布式光伏发电补贴标准。纳入 2020 年财政补贴规模的户用分布式光伏全发电量补贴标准调整为每千瓦时 0.08 元。 4. 符合国家光伏扶贫项目相关管理规定的村级光伏扶贫电站（含联村电站）的上网电价保持不变
2021	《新能源上网电价政策有关事项的通知》	1. 2021 年起，对新备案集中式光伏电站、工商业分布式光伏项目和新核准陆上风电项目，中央财政不再补贴，实行平价上网。 2. 2021 年新建项目上网电价，按当地燃煤发电基准价执行；新建项目可自愿通过参与市场化交易形成上网电价，以更好体现光伏发电、风电的绿色电力价值。 3. 2021 年起，新核准（备案）海上风电项目、光热发电项目上网电价由当地省级价格主管部门制定，具备条件的可通过竞争性配置方式形成，上网电价高于当地燃煤发电基准价的，基准价以内的部分由电网企业结算

注：表中提到的价格为含税价格。
资料来源：根据相关资料整理。

由表 3.3 和表 3.4 可发现，德国的上网电价补贴政策主要由《可再生能源法》及相继出台的修正案规定，明确了总发电量中可再生能源发电占比目标，并且随着可再生能源产业的发展，对可再生能源发电的补贴由上网电价补贴开始向拍卖机制转移，探索多种途径支持可再生能源发电产业。我国的可再生能源上网电价补贴政策起步晚于德国，会根据风能、太阳能、生物质能等不同可再生能源的特点分别出台政策，依据技术进步及成本的降低适时调整补贴额度，存在补贴逐渐降低，可再生能源附加征收逐渐增加的趋势，国家也鼓励通过招标的方式确定可再生能源电价。

上网电价补贴的优势在于，政府是政策的制定者，对政策的调控有掌控力，便于根据实际情况快速、有效地调整价格对经济和社会环境施加影响。另外，上网电价制度在可再生能源产业发展初期能在短期内有效降低可再生能源项目成本，提高项目收益，缩短投资者成本回收周期，降低资金压力，增加投资者投资可再生能源产业的信心，既有利于促进可再生能源产业的发展，也有利于能源结构中可再生能源占比目标的尽快实现。上网电价补贴的不足在于：首先，政府与可再生能源发电企业之间存在着信息不对称，政府不能完全掌握发电企业的技术水平和生产成本，因而难以确定最优的补贴价格，补贴过高会使发电商获得暴利，也增加政府经济负担，最终增加消费者负担，补贴过低又不能起到激励作用，造成经济效率损失。其次，上网电价补贴制度的生态效益很难确定，该制度主要关注价格，不能量化一段时间内可再生能源发电量，更不会关注可再生能源的消纳，而当前我国存在较为突出的弃风、弃光问题，因此，上网电价补贴的局限性开始显现，需要出台不同的产业政策以适应产业不同的发展阶段。

3.2.2 装机容量补贴

装机容量主要用于衡量电站建设规模和电力生产能力，是一个易于量化的电力指标。装机容量补贴是对达到一定装机容量的可再生能源微电网发电项目给予补贴。一般是当发电项目建成验收合格后可申请装机容量补贴。装机容量补贴的补贴对象是投资者,是对投资者投资可再生能源电力项目的奖励,目的是增加某类可再生能源发电能力。例如,浙江宁波鄞州区针对企事业单位出台光伏发电项目补助:将在区内投资建设的光伏发电项目(单个项目装机容量不低于 0.25 兆瓦按实际装机容量给予 0.6 元/瓦的补助,每个项目最高不超过 100 万元。装机容量补贴实施过程中易于统计和监督,能较好地激励投资商增加装机容量,完成国家阶段性装机容量目标。例如国家能源局于 2016 年发布的《电力发展"十三五"规划》指出,到 2020 年,我国风电装机容量至少要达到 2.1 亿千瓦。装机容量补贴能直接、快速地增加可再生能源装机容量。但此类补贴对于实际可再生能源发电量并不关注,不能确保可再生能源发电设施投入生产,更不会关注可再生能源电力消纳问题。因此,装机容量补贴某种程度上属于可再生能源微电网开发前期补贴方式,适合一定时期需要提高可再生能源装机容量时采用。

3.2.3　其他补贴

除了以上主流的补贴方式以外,政府还通过投资补贴、研发补贴等方式支持可在生源微电网项目建设。

投资补贴是为了鼓励投资者投资微电网项目而设置的补贴。例如国家发改委于 2017 年发布的《关于新能源微电网示范项目名单的通知》规定,鼓励地方政府以投资补贴,或项目贷款贴息等方式给予新能源微电网支持。2018 年江苏省发改委颁布的《关于促进分布式能源微电网发展指导意见》指出,给予分布式能源微电网项目投资补贴和贷款贴息,目的在于鼓励各类社会资本投资分布式能源微电网。

关于可再生能源微电网项目的研发补贴,未有文件明确规定,散见于个别制度。例如国家发改委等于 2012 年发布的《可再生能源发展基金征收使用管理暂行办法》规定,可再生能源发展基金可用于可再生能源开发利用的相关研发活动。

3.3 微电网价值市场化补偿现状

3.3.1 可再生能源配额制

可再生能源配额制（renewable portfolio standards，RPS），通过建立长期、稳定的市场，旨在为可再生能源技术投资、可再生能源不断增长的供给创造需求（Rouhani et al.，2016）。可再生能源配额制既兼顾了可再生能源电力的生产，也促进了可再生能源电力的消纳。政府在一定时期内，根据电力发展规划，规定可再生能源电力生产或消费必须达到总发电量或用电量的比例，未完成比例的主体会受到相应的惩罚。可再生能源配额政策的目的是使国家的电力部门更多转向可再生能源，同时尽量减少用户电力购买成本的增加。可再生能源配额制度在欧美等发达国家最早得到应用，特别是在美国可再生能源配额实行得较为成功，美国部分州 2017 年更新了可再生能源配额未来拟完成指标，如表 3.5 所示。巴博斯等（Barbose et al.，2016）的研究表明，2013 年，美国可再生能源配额制减少了化石燃料总发电量的3.6%，导致温室气体排放和空气污染减少，电力部门用水量减少 2%。目前可再生能源配额制在澳大利亚、日本、韩国等国家都得到了采用。在韩国，2012 年颁发的可再生能源配额政策规定，电力供应商被要求在 2012 年之前提供 2% 的可再生能源，到 2022 年之前提供 10% 的可再生能源。在我国，从2012 年开始酝酿筹备可再生能源配额制，2014 年出台了可再生能源配额制征求意见稿，目前仍处于协商探索阶段，我国近期的可再生能源配额指标如表 3.6 所示。我国的可再生能源配额制主要考虑将发电企业、电网企业及省级政府部门作为配额制责任主体，将可再生能源配额实施的监管范围从生产端向消费端延伸，强调由发电企业、售电企业和电力用户协同承担配额义务。

表3.5　　　　　　　美国部分州可再生能源配额指标（2017年更新）

州名	年份	指标
华盛顿州	2020	15%
俄勒冈州	2025	5%～25%
加利福尼亚州	2030	50%
蒙大拿州	2015	15%
内华达州	2025	25%
亚利桑那州	2025	15%
科罗拉多州	2020	30%
新墨西哥州	2020	20%
得克萨斯州	2015	5880MW
明尼苏达州	2025	26.5%
北卡罗来纳州	2021	12.5%
俄亥俄州	2026	12.5%
缅因州	2017	40%

资料来源：根据相关资料整理。

表3.6　　　　　　　　我国非水电可再生能源配额指标　　　　　　单位:%

省（区、市）	2018年最低值	2018年激励值	2020年最低值	2020年激励值	2021年最低值	2021年激励值
北京	11.0	12.1	15.0	16.5	17.5	19.3
天津	11.0	12.1	15.0	16.5	16.0	17.6
河北	11.0	12.1	15.0	16.5	16.0	17.6
山西	15.0	16.3	16.5	18.0	19.0	20.9
内蒙古	18.5	20.3	18.5	20.3	19.5	21.5
辽宁	12.0	13.0	12.5	13.6	13.5	14.9
吉林	20.0	21.5	22.0	23.7	21.0	23.1
黑龙江	19.5	21.0	26.0	28.1	20.0	22.0
上海	31.5	32.0	33.0	33.5	4.0	4.4
江苏	14.5	15.1	15.0	15.8	10.5	11.6
浙江	18.0	18.5	19.0	19.8	8.5	9.4

续表

省（区、市）	2018 年最低值	2018 年激励值	2020 年最低值	2020 年激励值	2021 年最低值	2021 年激励值
安徽	13.0	14.0	14.5	15.7	14.0	15.4
福建	17.0	17.5	22.0	22.6	7.5	8.3
江西	23.0	23.5	29.0	30.0	12.0	13.2
山东	9.5	10.4	10.5	11.6	12.5	13.8
河南	13.5	14.5	16.0	17.1	18.0	19.8
湖北	39.0	39.9	40.0	41.0	10.0	11.0
湖南	51.5	52.4	51.5	52.4	13.5	14.9
广东	31.0	31.4	29.5	30.0	5.0	5.5
广西	51.0	51.4	50.0	50.5	10.0	11.0
海南	11.0	11.5	11.5	12.0	8.0	8.8
重庆	47.5	47.5	45.0	45.3	4.0	4.4
四川	80.0	80.4	80.0	80.4	6.0	6.6
贵州	33.5	34.0	31.5	32.0	8.5	9.4
云南	80.0	81.0	80.0	81.2	15.0	16.5
西藏	不考核	不考核	不考核	不考核	不考核	不考核
陕西	17.5	18.4	21.5	22.7	15.0	16.5
甘肃	44.0	45.6	47.0	48.9	18.0	19.8
青海	70.0	71.9	70.0	72.5	24.5	27
宁夏	20.0	22.0	25.0	27.0	22.0	24.2
新疆	25.0	26.5	26.0	27.3	12.5	13.8

资料来源：国家发展改革委、国家能源局《关于实行可再生能源电力配额制的通知（征求意见稿）》，2018 年 11 月 13 日；国家发展改革委、国家能源局《关于 2021 年可再生能源电力消纳责任权重及有关事项的通知》，2021 年 5 月 21 日。

可再生能源配额制的优势在于政府制定可再生能源配额目标、配额义务承担的主体，履行监督职责，并通过强制执行的方式保障配额制的实现，具有很强的政策把控性，有利于可再生能源电力目标实现。此外，可再生能源配额制通过市场机制募集资金，一般不需要政府补贴，减轻了政府筹集大量可再生能源发展经费的压力，减轻政府财政负担。但可再生能源配额制的不足也很明显，"一刀切"的可再生能源固定配额的分配忽视了经济效率，既没有考虑不同地区、不同主体的生产能力和可能性，也没有考虑完成配额的个人成本；另外，惩罚机制也是可在生源配额制需要认真考虑的制度细节，惩罚机制力度不够，企业会逃避责任，不会真正满足配额要求，惩罚机制过严将会增加企业完成配额制的难度，加重企业的经营负担，会使投资商因成本收益问题而选择刻意回避开发可再生能源电力。

3.3.2 绿色证书制度

为了推动可再生能源配额制顺利实施，国家允许可再生能源电力（也称绿电）在全国范围交易。可再生能源电力的生产者会获得与预先确定的发电量相应的绿电证书（green certificate），在可再生能源配额制的规定下，需要完成可再生能源配额的主体可以在绿证市场去购买和出售绿证，以此帮助可再生能源配额的完成，这一过程也实现了可再生能源电力交易。配额可交易能提高固定配额这一量化模型的效率。这样，有配额义务的主体可以自由选择是自己完成配额，还是向另一个主体支付费用由其完成配额。由于他们将选择成本更低的方案，这意味着，"绿色"电力是由那些至少能降低成本的发电商产生的，这将带来经济效益。

绿色证书是一种相对较新的、高级的可交易配额制度。但早在 20 世纪 80 年代末期荷兰就已推出了绿色证书，随后这种模式在许多欧盟成员中获得了青睐。目前，全球有大约 21 个国家（地区）建立了绿色证书制度，部分国家（地区）详情如表 3.7 所示。

表 3.7 　　　　　　　部分国家（地区）绿色证书制度一览

绿色证书的颁发	州公用事业委员会（美国得克萨斯州） 能源管理机构（意大利） 可再生能源监管办公室（澳大利亚） 国家可再生能源信息管理中心（中国）
绿色证书的监管	州电力可靠性理事会独立系统经纪所（美国得克萨斯州） 能源市场运营商（意大利） 可再生能源监管办公室（澳大利亚） 国家可再生能源信息管理中心（中国）

绿色证书的形式与内容	证书编号、发电设备的编号、可再生能源类型、发电时间、信用数量（美国大部分州） 证书编号、发电设施的名称和地址、燃料类型、挥发性有机化学物（一氧化碳等）排放、发电时间、发电装机容量、生产日期，适用范围（新英格兰地区） 发电商登记编号、身份编号、发电年份、证书的生产日期、代表着电力数量的编号（澳大利亚） 证书编号、发电站或发电场、可再生能源类型、电力数量等（中国）
绿色证书的核算	每生产 1 千瓦时的可再生能源电量就产生一个可再生能源信用（美国得克萨斯州） 不同可再生能源种类所发的每千瓦时电力所获得的可再生能源义务证书数量不同（英国） 1 个证书对应 1 兆瓦时结算电量（中国）
绿色证书交易的主体	参与零售市场竞争的竞争性电力零售商必须参与绿色证书交易机制，其他主体可以自愿性地参与绿色证书交易机（美国得克萨斯州） 可再生能源发电企业和政府机关、企事业单位、社会机构和自然人等（中国）
绿色证书交易的形式	长期合同、短期合同或者即时购买（美国得克萨斯州） 能源市场运营商组织的市场交易或双边的直接买卖协议交易（意大利） 双边协议交易（澳大利亚） 协商交易和挂牌交易（中国）
绿色证书的有效期	有效期 3 年（美国得克萨斯州） 从生产该证书的电厂投入商业运营之日起不超过 10 年（意大利） 无有效期限制（澳大利亚和丹麦） 有效期 2 年（比利时） 证书颁发之后的 12 个月（荷兰） 有效期 10 年（瑞典） 绿证有效期与年度配额考核期限相对应，自对应电量生产之日起至当年配额考核结束之日前有效（中国）

资料来源：根据相关资料整理。

  早期的绿色证书与传统配额一样，该模式要求一个主体（主要是生产者，但更常见的是消费者或分销商）在一定时间内（通常是 1 年）"绿色"电力占其总电力销售/消费的一定份额。在可交易配额模式下，他们将证明自己履行了义务，证明他们购买了可再生能源发电的相应数量（合同证书）。随着绿色证书交易实践的发展，该制度演变成实际用电量与完成配额义务是分开的。为此目的，"绿色"电力的生产由一个独立的、通常由国家控制的证书颁发机构进行测量和认证（如每兆瓦时（MWh）一个证书）。实际上，这个过程非常类似于一个银行账户，在这个账户上，以可再生能源为基础的电力生产可以作为信用储蓄。生产者因而产生了一定数量的绿色证书，证明他们已经用可再生能源生产了相应数量的绿色电力。通过绿色证书，可以将电力（实物商品）市场与证书市场分开。证书市场是指使用可再生能源所带来的生态效益（如减少排放和保护化石资源等生态服务）的服务市场。在市场分离的情况下，生产者有两种不同的收入来源。生产者可以在电力市场上以标准市场价格出售电力。由于生产者的产品将与煤炭、核能或其他能源发电竞争，可再生能源的成本劣势，生产者可能会蒙受损失。为了弥补这一损失，生产者可以转向生态服务市场，以弥补其损失的价格出售其绿色证书。基于数量的绿色认证既完全符合生态有效性的目标，又具有时效性。虽然避免了经济效率损失，但绿证制度也不是没有局限，对于可再生能源发电成本较高的发电商，在绿证市场完成的可能性会降低，在行业发展初期，不利于保护和扶持可再生能源企业。

| 第 4 章 |

微电网与电网公司合作价值补偿机制研究

通过上一章的分析，明确了微电网对其利益相关者存在的价值关系，以及微电网具有的经济价值、社会价值和环境价值，了解了现有的微电网补偿机制。分析发现，在微电网项目开发过程中，电网公司在项目核准、并网准入及获得上网电价补贴等环节扮演着关键利益相关者的角色，对微电网经济价值实现有着重要影响，如果微电网不能获得经济收益，会影响其社会价值和环境价值的实现。因此，本章结合当前的电力体制背景以及电网公司助力国家"双碳"目标实现的责任和使命，着重分析电网公司对微电网价值补偿的影响，以尝试探索微电网与电网公司在两者的合作中能更好地实现自身价值补偿的可能性，为后续章节的分析做研究铺垫。

4.1 "双碳"目标下微电网与电网公司
合作价值补偿问题背景

20 世纪中期以来，受全球规模化工业生产对电力的巨大需求和廉价化石能源的推动，世界主要经济大国和国际间建设了以"大机组、电网公司、高电压"为主要特征的集中式、单一的供电系统（Chamia et al. , 1978；朱方等，2007）。随着电网规模的日益扩大，电网公司凸显了成本高、运行难度大的弊端，难以满足用户越来越高的安全性、可靠性以及多样化的供电需求（Fairley，2004；Albert et al.，2004；葛睿等，2007；Crucitti et al.，2004）。与此同时，电力行业发展带来的能源短缺和环境恶化也是目前迫切需要解决的问题（Verbong and Geel，2007；Stern，2007）。因此，发展以低能耗、低排放、低污染为特征的低碳经济模式，减少电力行业碳排放，改善电源结构受到各国的高度关注（Secretary of State for Trade and Industry，UK，2003；Dai et al.，2011；Doe，2003）。在此背景下，由一组负荷、微电源、储能单元和控制装置构成的微电网应运而生（Lasseter et al.，2003），该系统是能给局部区域提供电、热供给的单一可控系统。重要的是可以实现对负荷多种能源形式特别是分布式能源、清洁能源的高可靠供给（Lasseter，2002）。

微电网与电网公司合作保障社会电力供应，一方面，微电网借助电网公司完善的输配电网络，实现微电网电力在更大范围的合理配置，扩大电力交易规模，增加电力销售收益，降低生产成本，提高分布式能源、清洁能源利用率（Liu et al.，2011）。另一方面，电网公司可以借助微电网解决海岛、边远地区和自治地区的供电问题，履行电力供给这一社会责任，增加社会收益，并通过与微电网的并网，推动智能电网的建设和电网领域技术创新（Lasseter，2002）。因此，微电网和电网公司合作能增加分布式能源、清洁能源在社会能源结构中的比重，有利于进一步优化能源结构，促进电力行业的节能减排，增加社会福利（Carrasco et al.，2006）。

2021 年 3 月 1 日，国家电网公司作为首个央企发布了碳达峰、碳中和行动方案，自觉肩负起能源改革的历史使命。行动方案明确表示，要当好"引领者"，充分发挥电网"桥梁"和"纽带"作用，带动产业链、供应链上下游，加快能源生产清洁化、能源消费电气化、能源利用高效化，推进能源电力行业尽早以较低峰值达峰；当好"推动者"，促进技术创新、政策创新、机制创新、模式创新，引导绿色低碳生产生活方式，推动全社会尽快实现"碳中和"。为此，国家电网将推动电网向能源互联网升级，着力打造清洁能源优化配置平台，加大跨区输送清洁能源力度，保障清洁能源及时同步并网，支持分布式电源和微电网发展，做好并网型微电网接入服务，发挥微电网就地消纳分布式电源、集成优化供需资源作用。同时，国家电网公司也会加快构建促进新能源消纳的市场机制，深化省级电力现货市场建设，采用灵活价格机制促进清洁能源参与现货交易。

关于电网合作以及电网公司对微电网价值补偿影响方面的研究，受国内外电网公司自然垄断现状和微电网发展时间不长的限制，学术界鲜有关注。拉克什米纳拉亚纳（Lakshminarayana，2014）发现，在有限的存储设备下，电网能从合作中获得最大效益，当有大容量的存储设备时，合作产生效益不大。孔令丞等（2018）分析了可再生能源发电与电网的合约关系，强调双方可签订收益共享合约促进可再生能源的并网，并结合政府补贴，探讨了促进可再生能源的发展策略。王腾飞等（2019）考虑了可再生能源配额和偏差电量考核对售电公司和微电网的影响，强调两者的合作可降低考核成本，提高双方的收益。谢敬东等（2021）研究发现，准许收益、罚款、微网主动参与监管成本与电网公司运营费用是影响电网公司服务质量演化博弈渐进稳定状态的主要影响因素，适当提高准许收益与罚款，电网企业加大创新管理水平，有助于减少监管成本，促进接入服务质量提高，实现社会福利最大化。

演化博弈论以有限理性为基础，借鉴研究生物种群进化和稳定机制的方法来动态地分析人类的行为策略。关于演化博弈理论的应用研究，主要涉及供应链管理、公司治理及金融投资等领域。朱等（Zhu et al.，2007）运用演化博弈方法分析了绿色供应链中政府与核心企业的博弈关系，研究发现核心企业实施绿色供应链管理产生的成本和收益，以及政府的补贴和惩罚会直接影响博弈结果。从长远来看，为了获得双赢的结果，政府应该制定和实施更加严格的环境法规，并增加相应的补贴和处罚；核心企业则需要积极实施环境管理，获得环境治理的经验，并进一步影响上游和下游企业。吉等（Ji et al.，2014）在制造业绿色购买关系的开发中，通过建立动态博弈模型，观察绿色采购多方利益主体之间的合作趋势，发现贸易行为可以作为供应商和生产商的策略和支付函数。模拟实验也表明，制造业可以形成可持续发展的模式，而供应商的回收能力却直接决定着一个供应链的环保程度。同时，有文献将演化机制用于蜈蚣博弈分析，发现演化机制有利于延迟蜈蚣博弈决策风险甚至会促成博弈双方完全合作。特别是在固定长度的博弈中，人们的合作行为具有"非理性"特征（Rand and Nowak，2012）。在企业信用行为研究方面，当两个公司结成联盟，且存在可持续发展条件的情形下，实施合理的准入和退出机制可以有效地管理和控制信用风险（Xu and Zhou，2013）。安托奇等（Antoci et al.，2009）从演化博弈的视角分析了如何创新金融工具，为企业采用环境保护技术进行融资。研究发现，只需要期望收益大于平均收益，就可以在经济主体与公共行政机构间建立金融市场，金融市场的建立将增加社会福利，使所有企业将采用有利于环境保护的技术。

纵观以上文献，鲜有研究关注电网公司对微电网价值补偿的影响问题。但随着国内外微电网与电网公司并网示范工程逐渐增多（Smith，2009；Sánchez，2006；Morozumi，2006），电网公司对微电网项目价值补偿的影响成为重要的现实问题，应更多地引起学术界的关注。本章采用演化博弈的方法，研究微电网与电网公司合作策略的选择行为，分析微电网和电网公司在合作中双方如何获得价值补偿，以及哪些因素会影响双方获得价值补偿，为深化微电网价值补偿相关理论研究和行业决策提供参考依据。

4.2　模型变量和参数解释

本书所使用的变量和参数定义如下。

A_1 为不合作策略下的微电网收益；

A_2 为不合作策略下的电网公司收益；

U_1 为合作策略下的微电网收益；

U_2 为合作策略下的电网公司收益；

D_1 为合作策略下的微电网直接收益；

D_2 为合作策略下的电网公司直接收益；

I_1 为合作策略下的微电网间接收益；

I_2 为合作策略下的电网公司间接收益；

G_1 为合作策略下的微电网获得政府补贴；

G_2 为合作策略下的电网公司获得政府补贴；

C_1 为合作策略下的微电网支出成本；

C_2 为合作策略下的电网公司支出成本；

F_1 为合作策略下的微电网风险支出；

F_2 为合作策略下的电网公司风险支出。

4.3 问题描述与模型假设

4.3.1 问题描述

当前，随着国内外微电网示范工程的增多，产业界和学术界对微电网的认识逐渐深化，微电网的应用也日益增加。在电力市场，微电网和电网公司合力保障社会电力供应，在售电市场存在不平等竞争关系，同时两者又需要彼此合作以实现各自的价值补偿。一方面，微电网在发展初期存在着生产成本较高、投资需求及消费需求不足的劣势。微电网的规划、建设，微电网接入电网公司的技术标准审核、输配电网络的覆盖均需要电网公司的支持。微电网通过并入电网公司，可与并入电网实现备用、调峰、需求侧响应等双向服务（国家发改委，2017），满足用户用电质量个性化要求，并通过与并入电网的友好互动，特别是在微电网数量增加，多个微电网互联的情况下，从而在更大范围实现电力调配，增加可再生能源消纳。微电网售电侧的通畅，在直接增加售电收益的同时，也增加了社会资本投资微电网的信心，即投资需求与消费需求均得到提升。另一方面，在我国当前的电力体制背景下，电网公司虽在输配售电市场仍然处于垄断地位，但也面临在能源结构改革、电力体制改革、产业低碳化发展的背景下承担相应社会责任的压力。可控的微电网系统大部分以可再生能源、清洁能源为发电源，不失为电网公司完成国家既定改革目标的有效方式。特别是海岛、边远地区等电网公司难以覆盖或者很高成本才能覆盖的地方，微电网以灵活高效的方式代替电网公司实现电力供应，为电网公司节约了高昂的建设、运营成本。

虽然微电网与电网公司通过合作可以实现双方的价值补偿，但合作中，双方都需要投入一定的资源，电网公司需要投入输、配电线路网络以及并网接入相关设备等固定资产，微电网需要投入自身的设备系统，包括微电源、储能设备、控制保护装置等固定资产。这些资产具有高度的专用性，很容易受到机会主义行为的威胁（龙勇和汪谷腾等，2014）。为此，微电网与电网公司合作中能获得哪些直接受益、间接受益，有哪些合作风险，这些因素如何影响双方的价值补偿将是本章重点关注的问题。

4.3.2　模型假设

考虑一个有电网公司和微电网群体组成的电力市场，双方都为有限理性群体，双方都有增加电力销售、获得更多收益的愿望。电网公司与微电网在是否进行合作以更好地获得各自价值补偿的决策上，以及电网公司对微电网价值的认识和态度上，犹如一个演化的生态系统，是一个随着时间不断调整、试错和模仿学习的动态过程，为分析之便做以下基本假设。

假设 4.1　将博弈双方——微电网与电网公司分别记为 M 和 L，且微电网和电网公司的策略集合均为 {合作，不合作}，微电网和电网公司均可以根据对方的策略选择自己的最优策略。电网公司通过与微电网合作可以较好地解决边远地区或海岛的供电，也可以借由微电网实现调峰调频等措施，有利于电网的供电平衡，假定电网公司选择与微电网合作的概率为 x，不与微电网合作的概率为 1 − x；微电网与电网公司合作，可以实现微电网电力更大范围的消纳，也能使微电网顺利获得国家可再生能源电价补贴，假定微电网与电网公司合作的概率为 y，不与电网公司合作的概率为 1 − y($0 \leqslant x \leqslant 1$，$0 \leqslant y \leqslant 1$）。

假设 4.2　假定微电网与电网公司基于资源共享与互补的基础上选择合作策略，因而选择"合作"策略能为双方带来更大的收益，更利于双方获得价值补偿。当微电网与电网公司均采取不合作策略时，各自的经营收益分别为 A_1、A_2；两个主体均采取合作策略时，各自的合作经营收益分别为 U_1、U_2。

假设 4.3　当微电网和电网公司均采取合作策略时，双方合作保障社会电力供应。在电网公司较为完备的输配体系保障下，微电网可减少弃风限电和弃光限电等，增加可再生能源发电量及消纳，及时获得国家可再生能源上网电价补贴，进而增加微电网的直接收益；与此同时，电网公司可以借助微电网灵活、分散的特点，有助于在海岛和偏远地区等实现节约供电，节约高昂的电网建设、运营成本。电网公司还可以借助微电网加强需求侧管理，实现调峰调频，提高电网安全可靠运行水平和效率，降低成本。设微电网与电网公司合作直接收益分别为 D_1 和 D_2。

假设 4.4　微电网与电网公司合作除了产生直接收益外，还能产生间接收益。微电网与电网公司的合作不仅能增加社会总体电能供应中可再生能源和清洁能源发电比例，而且有利于改善能源结构和生态环境。此外，微电网和公司的合作范围不仅局限于供电、售电领域，还可以延伸到电力并网技术创新、可再生能源利用技术创新和合作开发模式探索等领域，为微电网与电网公司的并网工程提供技术支持，提高可再生能源的利用效率，降低技术成本，从而提高微电网与电网公司合作绩效，有利于微电网与电网公司更好地获得各自的价值补偿。基于此，这里假设微电网和电网公司合作产生的间接收益为 I_1 和 I_2。

假设 4.5　鉴于目前可再生能源和清洁能源的发电成本较高的弊端，政府为了鼓励投资人投资微电网项目，以及更多地生产和销售可再生能源电力，给予可再生能源电力的上网电价补贴。同时，根据我国电力体制改革意见，电网企业将改革以往电力购销差价的盈利模式，按成本加收益的模式收取过网费，因此，为了鼓励电网公司改造现有电网接入和控制设施，更多地输配可再生能源和清洁能源电力，也应给予电网公司一定的价值补偿。这里本书假设微电网和电网公司获得补贴分别为 G_1 和 G_2。

假设 4.6　当微电网和电网公司选择合作经营时，双方的成本支出与各自生产要素投入量直接相关。合作达成前会产生伙伴选择、沟通谈判等成本；合作达成后，如果一方选择不合作，受限于电力行业投入的资源具有较强的资产专用性（Williamson，1975），选择合作一方投入的资产难以用作其他用途，因此，合作的一方将会面临机会收益完全丧失的局面。因此，与选择不合作的一方相比，选择合作的一方会增加成本支出，却不能获得合作收益。设微电网在合作中的成本支出为 C_1，电网公司在合作中的成本支出为 C_2。

假设 4.7　微电网和电网公司在合作过程中面临着合作所特有的风险，如不确定性事件、机会主义和合作伙伴"搭便车"等行为，需要支付监督成本、协调和控制成本等来应对此类风险。因此，这里本章假设微电网和电网公司合作过程中的风险支出分别为 F_1 和 F_2。

4.4　模型求解与结果分析

4.4.1　模型求解

电网企业作为商业组织，具有天然的经济诉求，是否选择合作策略，取决于合作策略是否能带来自身收益的最大化。同时，电网企业作为电力这一社会生活必需品的提供者，受舆论及社会责任等的驱使，它们也具有一定的非经济诉求，例如社会效益、环境效益以及政治效益等。因此，微电网与电网公司是否选择合作策略是两者之间演化博弈的结果。从两方参与者的演化博弈理论分析来看，博弈支付矩阵如表 4.1 所示。

微电网和电网公司均选择合作策略的必要条件是：微电网和电网公司均采取合作策略时所获得的直接收益、间接收益以及政府补贴之和大于双方的合作成本和风险支出的总和，即满足以下条件：

$$A_1 + D_1 + I_1 + G_1 > C_1 + F_1, \ A_2 + D_2 + I_2 + G_2 > C_2 + F_2 \tag{4.1}$$

表 4.1 微电网和电网公司博弈收益支付矩阵

项目		电网公司 L	
		合作 x	不合作 $1-x$
微电网 M	合作 y	$U_1 = A_1 + D_1 + I_1 + G_1 - C_1 - F_1,$ $U_2 = A_2 + D_2 + I_2 + G_2 - C_2 - F_2,$	$A_1 - C_1, A_2$
	不合作 $1-y$	$A_1, A_2 - C_2$	A_1, A_2

微电网选择合作战略时的收益为：

$$M^c = A_1 + x(D_1 + I_1 + G_1 - F_1) - C_1 \tag{4.2}$$

微电网选择不合作战略时的收益为：

$$M^n = xA_1 + (1-x)A_1 \tag{4.3}$$

由此可以得出，微电网采取混合策略时的平均收益为：

$$M^* = yM^c + (1-y)M^n + y[x(D_1 + I_1 + G_1 - F_1) - C_1] \tag{4.4}$$

同理可以得出，电网公司采取混合策略时的平均收益为：

$$L^* = xL^c + (1-x)L^n = A_2 + x[y(D_2 + I_2 + G_2 - F_2) - C_2] \tag{4.5}$$

基于此，可以得到微电网和电网公司采取合作策略时随时间变化的复制动态微分方程为：

$$\frac{dy}{dt} = y(M^c - M^*) = y(1-y)[x(D_1 + I_1 + G_1 - F_1) - C_1] \tag{4.6}$$

$$\frac{dx}{dt} = x(L^c - L^*) = x(1-x)[y(D_2 + I_2 + G_2 - F_2) - C_2] \tag{4.7}$$

由式（4.6）和式（4.7）可以推导出微电网和电网公司合作的演化策略矩阵。演化系统均衡点的稳定性由该系统的雅可比矩阵的局部稳定性分析得到。设式（4.6）、式（4.7）的雅可比矩阵 J 为：

$$J = \begin{bmatrix} (1-2y)[x(D_1 + I_1 + G_1 - F_1) - C_1] & y(1-y)(D_1 + I_1 + G_1 - F_1) \\ x(1-x)(D_2 + I_2 + G_2 - F_2) & (1-2x)[y(D_2 + I_2 + G_2 - F_2) - C_2] \end{bmatrix}$$

由此可得 J 的行列式 $\det(J)$ 为：

$$\det(J) = (1-2y)\left[x(D_1+I_1+G_1-F_1)-C_1\right](1-2x)\left[y(D_2+I_2\right.$$
$$+G_2-F_2)-C_2\left.\right] - y(1-y)(D_1+I_1+G_1-F_1)x(1-x)$$
$$(D_2+I_2+G_2-F_2) \tag{4.8}$$

矩阵 J 的迹 $\mathrm{tr}J$ 为：

$$\mathrm{tr}J = (1-2y)\left[x(D_1+I_1+G_1-F_1)-C_1\right]$$
$$+ (1-2x)\left[y(D_2+I_2+G_2-F_2)-C_2\right] \tag{4.9}$$

由式（4.8）和式（4.9）可知矩阵 J 中行列式和迹的值和符号。

4.4.2 博弈双方演化稳定策略分析

根据雅可比矩阵稳定性条件，当 $\dfrac{dy}{dt}=0$，$\dfrac{dx}{dt}=0$ 时，在平面 $S=\left[(y,x)\,|\,0\leqslant y,x\leqslant1\right]$ 可以找到系统的 5 个局部均衡点：$O(0,0)$、$A(0,1)$、$C(1,0)$、$B(1,1)$ 和 $E(y^*,x^*)\left(\dfrac{C_2}{D_2+I_2+G_2-F_2},\dfrac{C_1}{D_1+I_1+G_1-F_1}\right)$，分别代入式（4.8）和式（4.9），得出局部稳定性列表（见表4.2）。

表 4.2　　　　　　　　　　局部均衡点稳定性结果

均衡点	$\det(J)$ 符号	$\mathrm{tr}J$ 符号	局部稳定性
$y=0$，$x=0$	+	−	ESS
$y=0$，$x=1$	+	+	不稳定点
$y=1$，$x=0$	+	+	不稳定点
$y=1$，$x=1$	+	−	ESS
$y=\dfrac{C_2}{D_2+I_2+G_2-F_2}$，$x=\dfrac{C_1}{D_1+I_1+G_1-F_1}$	−	0	鞍点

注：表中结果在 $C_2 < D_2+I_2+G_2-F_2$，$C_1 < D_1+I_1+G_1-F_1$ 的情况下得到。

在表 4.2 中，博弈有 5 个均衡点，其中，O 点和 B 点为演化稳定状态，A 点和 C 点为不稳定点，E 点为鞍点。双方博弈的演化过程如图 4.1 所示。

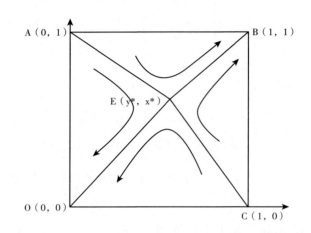

**图 4.1　$C_2 < D_2 + I_2 + G_2 - F_2$，$C_1 < D_1 + I_1 + G_1 - F_1$ 时的
动态演化示意**

根据图 4.1 可知，当微电网与电网公司通过合作得到的收益大于不合作时产生的收益时，双方长期演化博弈结果要么均采取合作策略，要么均采取不合作策略。当初始状态落在 AOCE 组成的系统左下区域时，系统将收敛于 O(0, 0) 点，即微电网与电网公司均采取不合作策略；当初始状态落在 AECB 组成的系统右上区域时，系统将向 B(1, 1) 收敛，即微电网与电网公司均采取合作策略。当微电网和电网公司一方采取合作而另一方采取不合作策略时，系统处于一个不稳定状态。此时一方可以获得最大收益；另一方则会遭受最大损失，最终使双方合作达不到帕累托最优状态。长期来看，如果一方发现另一方在合作中出现“搭便车”和“敲竹杠”等行为时，也会选择不合作策略以尽量减少收益损失。因此，双方都不会采取合作策略，O(0, 0) 就是一个稳定的博弈状态。如果双方均采取合作策略，微电网可以发挥供电灵活、利用清洁能源和可再生能源的优势，电网公司则可以发挥完善的输配电网络、特高压电网及雄厚的资金实力的优势，为微电网建设和电力技术研发创新提供相应的资金支持和经验借鉴。最终使合作达到帕累托最优策

略，双方收益最大化，收敛于系统 B(1，1) 的稳定状态。

当微电网与电网公司合作实现的直接收益、间接收益、政府补贴、合作成本及合作风险支出发生变化时，可能会导致双方合作的总收益小于合作成本及合作风险支出之和，具体分析如下。

（1）当 $C_2 > D_2 + I_2 + G_2 - F_2$，$C_1 < D_1 + I_1 + G_1 - F_1$ 时，即电网公司采取合作策略时获得的收益小于合作成本及风险支出；而微电网采取合作策略时获得的收益大于合作成本及风险支出。由表4.3和图4.2所示，系统中有4个均衡点，微电网与电网公司都采取不合作策略是演化的稳定策略，系统收敛于 O(0，0) 点。

表 4.3　　　　　　　　　　局部均衡点稳定性结果

均衡点	det(J) 符号	trJ 符号	局部稳定性
y = 0，x = 0	+	−	ESS
y = 0，x = 1	+	+	不稳定点
y = 1，x = 0	不确定	鞍点	
y = 1，x = 1	−	不确定	鞍点

注：表中结果在 $C_2 > D_2 + I_2 + G_2 - F_2$，$C_1 < D_1 + I_1 + G_1 - F_1$ 的情况下得到。

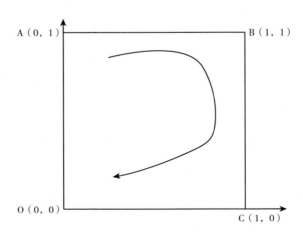

图 4.2　$C_2 > D_2 + I_2 + G_2 - F_2$，$C_1 < D_1 + I_1 + G_1 - F_1$ 时的

动态演化示意

（2）当 $C_2 < D_2 + I_2 + G_2 - F_2$，$C_1 > D_1 + I_1 + G_1 - F_1$ 时，即电网公司采取合作策略时获得的收益大于合作成本及风险；而微电网采取合作策略时获得的收益小于合作成本及风险。此时，由表 4.4 和图 4.3 所示，系统中有 4 个均衡点，微电网与电网公司都采取不合作策略是演化的稳定策略，系统收敛于 $O(0，0)$ 点。

表 4.4　　　　　　　　　　局部均衡点稳定性结果

均衡点	$\det(J)$ 符号	trJ 符号	局部稳定性
$y = 0$，$x = 0$	+	−	ESS
$y = 0$，$x = 1$	−	不确定	鞍点
$y = 1$，$x = 0$	+	+	不稳定点
$y = 1$，$x = 1$	−	不确定	鞍点

注：表中结果在 $C_2 < D_2 + I_2 + G_2 - F_2$，$C_1 > D_1 + I_1 + G_1 - F_1$ 的情况下得到。

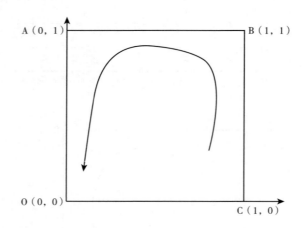

图 4.3　$C_2 < D_2 + I_2 + G_2 - F_2$，$C_1 > D_1 + I_1 + G_1 - F_1$ 时的动态演化示意

（3）当 $C_2 > D_2 + I_2 + G_2 - F_2$，$C_1 > D_1 + I_1 + G_1 - F_1$ 时，即电网公司采取合作策略时获得的收益小于合作成本及风险；而微电网采取合作策略时获得的收益小于合作成本及风险。此时，由表 4.5 和图 4.4 所示，系统中有 4 个均衡点，微电网与电网公司都采取不合作策略是演化的稳定策略，系统收敛于 $O(0，0)$ 点。

表 4.5　　　　　　　　　　　局部均衡点稳定性结果

均衡点	det（J）符号	trJ 符号	局部稳定性
y = 0，x = 0	+	−	ESS
y = 0，x = 1	−	不确定	鞍点
y = 1，x = 0	−	不确定	鞍点
y = 1，x = 1	+	+	不稳定点

注：表中结果在 $C_2 > D_2 + I_2 + G_2 - F_2$，$C_1 > D_1 + I_1 + G_1 - F_1$ 的情况下得到。

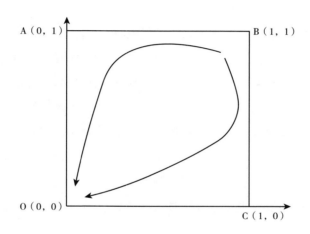

图 4.4　$C_2 > D_2 + I_2 + G_2 - F_2$，$C_1 > D_1 + I_1 + G_1 - F_1$ 时的

动态演化示意

4.4.3　模型参数对合作价值补偿的影响分析

通过上述分析，可以得出微电网与电网公司演化博弈的稳定策略为（合作，合作）和（不合作，不合作）。当双方均选择合作策略时才能达到帕累托最优，但双方选择不合作策略也能达到稳定状态，因此，为了判断演化结果向哪个方向发展，需要分析影响 AOCE 和 AECB 面积大小变动的因素，进一步可以得到影响双方合作的因素。由模型分析可知，影响系统收敛的因素有合作成本、合作风险支出、合作直接收益、合作间接收益及政府补贴，下面将逐一讨论各因素对合作博弈状态的影响。

（1）合作成本支出 C_i。随着双方合作成本的增大，系统中 AOCE 的面积越大，系统向 O(0，0) 方向演化的概率越大，微电网与电网公司采取合作策略的概率越小。微电网与电网公司间的合作成本与各自投入的生产要素相关，因此，为了降低双方的合作成本，一是可以建立信息沟通平台与机制，降低信息不对性、沟通成本和选择成本；二是选择紧密的合作治理模式，提高合作伙伴的违约成本，从制度和法律的层面对违约行为进行引导和约束，降低专用性资产投入风险。

（2）合作风险支出 F_i。合作中风险增加将产生高额的协调和控制成本，系统中 AOCE 的面积越大，系统向 O(0，0) 方向演化的概率越大，微电网与电网公司采取合作策略的概率越小。合作风险主要源于合作成员潜在的机会主义行为和双方的利益冲突。机会主义行为以合作伙伴的违背承诺、逃避义务、私占公共资源和信息失真等作为主要表现形式，利益冲突则以被合作伙伴兼并或收购，进而导致利益分配不公平等为主要表现形式。因此，需要通过建立利益分配机制、风险分摊机制及惩罚和监督机制，增加双方合作的透明度，从而有利于减少双方合作时出现的信息不对称行为，进而能够降低合作风险。

（3）合作直接收益 D_i。当双方合作产生的直接收益越大，系统中 AECB 的面积越大，系统向 B(1，1) 方向演化的概率越大，微电网与电网公司采取合作策略的概率越大。微电网与电网公司合作能充分发挥各自比较优势，增加双方的合作效益，进而在合作中建立信任，有利于形成良好的合作关系。基于此，在充分和反复论证的基础上，在合适的地区大力开展微电网建设和电网公司改造工作，同时综合考虑微电网和电网公司的供电能力，通过统筹安排实现科学合理的调度，进而能够提供更多的消纳风电和光伏等可再生清洁能源电力，提高电网公司和微电网的经济收益。

（4）合作间接收益 I_i。随着双方合作间接收益的增大，系统中 AECB 的面积越大，系统向 B(1，1) 方向演化的概率越大，微电网与电网公司采取合作策略的概率越大。微电网与电网公司的进一步合作不仅能促进微电网与电网之间并网、控制、保护和调度等技术创新行为的发生，而且能为探索电网合作模式和行业标准建设提供相应的经验借鉴，从而有利于促进电力行业能源配置优化和改善生态环境，最终能够增加全社会的福利。因此，微电网和电网公司要增加对合作效应的认识，政府为此应该提供更好的政策导向，进一步鼓励微电网与电网公司在更多的领域开展合作。

（5）政府补贴 G_i。微电网和电网公司向社会提供可再生能源和清洁能源电力等，如果双方因而获得的政府补贴越多，系统中 AECB 的面积越大，系统向 B(1，1) 方向演化的概率越大，微电网与电网公司采取合作策略的概率也越大。鉴于微电网建设和电网公司改造存在前期高投入高成本、前期收益较低、中后期收益较高和价格形成机制不明晰的特点，政府应以通过为可再生能源和清洁能源电价提供补贴等方式，鼓励微电网与电网公司合作开发利用分布式能源、清洁能源、输配分布式能源和清洁能源电力等工程，从而进一步改善全社会的电力服务。

4.5　数值分析

运用 Matlab 编程进行数值模拟，进一步分析微电网和电网公司合作价值补偿演化情况。设微电网和电网公司博弈支付矩阵各参数取值分别为：$C_1 = 200$，$C_2 = 400$，$D_1 = 300$，$D_2 = 500$，$I_1 = 300$，$I_2 = 200$，$G_1 = 300$，$G_2 = 200$，$F_1 = 400$，$F_2 = 200$。在 [0，1] × [0，1] 的平面，描述微电网和电网公司选择初始策略的比例（y^*，x^*）不同时，向点 B(1，1) 演化的过程。当初始值分别取 （0.2，0.6）、 （0.5，0.5） 和 （0.6，0.2），时间段为 [0，100] 时，由图 4.5 可知，在"双碳"目标的推动下，电网公司和微电网选择初始合作策略可能性越大，向点 B(1，1) 演化越快，越容易实现双方合作价值补偿，且电网公司是否同意并网、及时支付上网电价补贴等在促成微电网获得经济价值补偿中起到关键作用。为了验证当其余参数不变而某一个参数改变时对模型收敛情况的影响，取（y^*，x^*）初始值为（0.5，0.5），

时间段为 $[0, 100]$ 时，取 $C_1 = 100$，$C_2 = 200$，$D_1 = 400$，$D_2 = 600$，$G_1 = 500$，$G_2 = 400$，如图 4.6 所示，与 C_i，D_i，G_i 初始值相比，降低合作成本，增加直接收益，增加政府补贴会加速系统向点 $B(1, 1)$ 的演化过程，增加微电网与电网公司合作的概率，越容易实现微电网经济价值补偿，支持了前面假设。

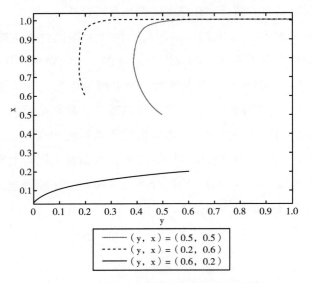

图 4.5 （y^*，x^*）不同初始值的合作动态演化示意

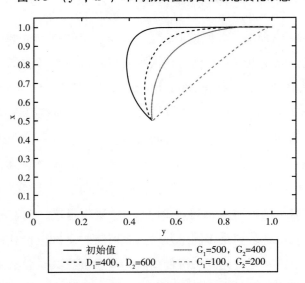

图 4.6 不同 C_i，D_i，G_i 值下的合作动态演化示意

第 5 章

微电网系统内部价值补偿机制研究

第 4 章从经济收益的角度分析了电网公司对微电网价值补偿的重要影响。本章我们将进一步基于产业效率的视角，深入微电网系统内部探究政府补贴对微电网产业价值补偿的影响，以考察政府补偿机制对实现微电网社会价值和环境价值的作用机理。新能源已经成为第三次能源转换的主角，未来将成为碳中和的主导。政府财政补贴是推动新能源产业发展的有力工具，在微电网发展初期，由于微电网的成本效益问题，需要政府给予相应的财政补贴以支持和推动微电网的发展。然而，补贴给谁、怎样补贴使微电网产业获得更多的价值补偿，并使微电网产业效率最优，进而促进微电网产业的发展，带来更大的社会收益和环境收益，这是实践中面临的重要问题，本章的研究将尝试回答以上问题。

5.1 "双碳"目标下微电网系统内部价值
补偿问题背景

政府财政补贴是推动新能源、可再生能源产业发展的有力工具。在微电网发展初期，由于微电网的成本效益问题，需要政府给予相应的财政补贴以补偿微电网项目资源价值，支持和推动微电网的发展。自 2015 年 7 月国家能源局颁布《关于推进新能源微电网示范项目建设的指导意见》以来，在全国范围内，电网公司、各能源公司等在前期准备的基础上开始了积极的微电网示范项目筹备工作。2017 年 5 月，国家发展改革委、国家能源局颁布了《新能源微电网示范项目名单的通知》（以下简称《通知》），该《通知》规定，有 28 个新能源微电网示范项目获批，其中，并网型新能源微电网 24 个，独立型新能源微电网 4 个。2017 年 7 月，国家发展改革委、国家能源局颁布了《推进并网型微电网建设试行办法》（以下简称《办法》），《通知》和《办法》都明确规定，微电网内部的新能源发电项目建成后按程序纳入可再生能源发展基金补贴范围，执行国家规定的可再生能源发电补贴政策。2020 年 1 月，财政部、国家发展改革委、国家能源局联合印发《可再生能源电价附加资金管理办法》，该办法在可再生能源发电补贴项目的管理模式、补贴顺序、补贴上限、补贴计算方法和补贴范围等方面有了新的规定。这些补贴政策的出台为微电网项目价值补偿提供了政策依据，也为微电网产业的健康发展提供了制度保障。

国内外学者们也关注到微电网补贴这一现实问题，积累了一些研究成果。一些学者对微电网的补贴进行了大量的研究。在微电网研究初期，学者们通过分析微电网项目建设所带来的环保价值和社会价值以及微电网发展初期的经济性，指出需要相应的政府补贴和政策以鼓励微电网的发展。例如，布拉斯克等（Blasques et al.，2012）为巴西混合可再生能源微电网设计了一个预先支付的计量系统，用于用户需求侧管理。研究指出，为了维持混合可再生能源微电网的运作，政府必须为可再生能源系统提供补贴。瓦勒等（Valer et al.，2017）通过调查发现，在巴西太阳能微电网（solar micro grids）能很好地满足偏远地区消费者的电力需求，但由于光伏发电成本高昂，许多农村消费者无法负担真正的能源成本，同时基于市场的解决方案效果是有限的，因此，SMGs 持续供电以及消费者可承受的价格成为满足偏远地区用电需求的巨大挑战。研究表明，在企业盈利较少或没有盈利能力的情况下，政府必须有明确、可行的规定，以保证提供电力服务。佩雷拉等（Pereira et al.，2014）运用蒙特卡罗法对巴西亚马逊地区可再生能源发电项目（光伏）

进行了投资风险评估。研究发现，在亚马逊地区，能源需求正在增长，但经营成本仍然很高。为了减少巴西可再生能源发电项目的投资风险，必须提供补贴或激励措施。拉姆钱德兰等（Ramchandran et al.，2016）通过对社会经济特点、可再生能源的可用性和能源需求进行评估，发现成本节约是消费者转向清洁能源的主要动力。在对太阳能光伏系统、生物质气化系统和太阳能生物质混合系统三个模型进行比较后发现，有补贴的太阳能光伏系统的模型是最可靠的。

随着研究的发展，基于微电网在可再生能源利用、减少污染和碳排放方面的价值，学者们将微电网的环保价值和社会价值作为微电网经济绩效的部分，对微电网环保的资源价值进行评估，以深入探讨微电网的补贴问题。例如，韩等（Han et al.，2016）基于成本效益分析（CBA），将光伏发电政府补贴、微电网低碳效益等因素纳入其中，构建了以低碳经济和最大生命周期的净利润为目标的新一代微电网规划模型。梁和朱（Liang and Zhu，2017）研究了广西农村的生物质发电、光伏发电条件、负荷特性，根据夏季和冬季不同的气候特点，在补贴可再生能源价格的基础上，以发电成本最低为目标，构建了并网、离网两种模式下的生物质发电动态经济调度的模型。陈和尹（Chen and Yin，2017）关注了政府向私人投资者提供激励方案以刺激其支持可再生能源微电网发展的问题。构建了政府和私人投资者之间的委托—代理模型，揭示了政策制定者与私人投资者之间的利益冲突，并在信息不对称的情况下考察了这些参数对政府目标的影响，分析了政府的最优补贴及最大化预期政策效益。

当前，随着微电网的发展，微电网发展初期的成本收益问题以及微电网的外部性问题越来越突出，需要相应的补贴机制以促进微电网的发展。为此，学者们从微电网补贴机制的角度出发以设计合适的微电网补贴机制以推动微电网的发展。例如，斯里尼瓦桑（Srinivasan，2009）研究发现，印度联邦新能源和可再生能源部通过主流银行渠道对太阳能热水系统提供的利息补贴，在意图和结果上均优于提供给太阳能光伏系统的资本补贴。库蒂尔等（Couture et al.，2010）指出，在加速可再生能源（renewable energy）发展方面，全球最广泛使用的政策是电价补贴（feed-in tariffs），这一政策比税收优惠或可再生投资组合标准（renewable portfolio standard）政策（REN21 2009）所占的比重更大。在德国"FITs"作为一种有效的政策工具来推动可再生能源的开发，并有助于实现能源安全和减排目标（德国 BMU 2007）。塔马斯等（Tamás et al.，2010）基于英国的数据对上网电价（FIT）产生的效果进行了分析，研究发现，上网电价（FIT）会使可再生能源生产者忽视可再生能源的高成本，没有动力去寻找和开发高效的可再生能源技术，也没有降低成本的动机。虽然电价补贴有着自身的优势，但也会带来难以控制整体政策成本、电力批发市场价格的扭曲等弊端（Couture et al.，2010）。在此基础上，塔哈等（Taha et al.，2014）根据微电网、需求和能源价格波动的物理性质，从技术角度提出了准上网电价补贴（quasi-feed-in-tariff），通过 QFIT 政策可实现对依赖于电网和需求条件的微电网（GEPs）进行时变价格补贴，这将会增加微电网的社会福利。陈和尹（Chen and Yin，2017）关注了政府向私人投资者提供激励方案以刺激其支持可再生能源微电网发展的问题，通过构建政府和私人投资者之间的委托—代理模型，揭示了政策制定者与私人投资者之间的利益冲突，并在信息不对称的情况下考察了这些参数对政府目标的影响，分析了政府的最优补贴及最大化预期政策效益。

上述研究从补贴对象、补贴方式的角度研究了政府补贴对微电网产生的效果和影响。但从微电网产业效率的角度研究微电网补贴，特别是研究补贴对微电网产业带来的价值补偿效应成果比较缺乏。有鉴于此，本章基于补贴对象的视角构建了反映微电网产业效率的补贴模型。从微电网产业链各阶段的参与方出发，构建了政府、投资商、运营商、设备供应商、用户参与的多方博弈模型，并设计了政府对产业链中不同参与方进行补贴的补贴模型。具体设计了政府对用户进行补贴的 C 模型，政府对投资商进行补贴的 I 模型，政府对运营商进行补贴的 O 模型，政府对设备供应商进行补贴的 E 模型。旨在通过求解不同补贴对象下各模型的定价和收益的基础上，分析不同效率要求下，不同补贴对象的差异、相应的影响因素及对微电网的价值补偿效应。

5.2　模型变量和参数解释

本书所使用的变量和参数定义如下。

p_o 为设备供应商售电给用户的价格；

p_1 为投资商售电给运营商的价格；

p_2 为投资商直接售电给用户的价格；

p_e 为设备供应商提供设备给投资商的价格；

D_o 为用户对运营商的电力需求量；

D_i 为用户对投资商的电力需求量；

D_e 为投资商对设备供应商的需求函数；

r_0 为微电网市场电力总需求量；

r_1 为用户对运营商售电的价格弹性；

r_2 为用户对运营商和投资商价格差的弹性系数；

θ 为投资商提供的微电网质量系数；

δ 为政府对微电网的补贴系数；

l 为单位微电网补贴的最高限额；

δl 为微电网开发的单位补贴；

ε_i 为补贴对投资商成本的影响系数；

ε_e 为补贴对设备供应商成本的影响系数；

ε_o 为补贴对运营商成本的影响系数；

ε_c 为补贴对用户需求的影响系数；

c_i 为投资商的投资成本；

c_o 为运营商的运营成本；

c_e 为设备供应商的技术成本；

π_i 为投资商的收益函数；

π_o 为运营商的收益函数；

π_e 为设备供应商的收益函数；

h_0 为投资商对设备供应商的总需求；

h_1 为投资商对设备供应商的价格需求弹性系数；

h_2 为投资商对设备供应商的质量需求弹性系数；

q 为微电网项目质量；

p 为设备供应商的技术系数；

t 为设备供应商技术水平；

k 为技术成本弹性系数。

5.3 问题描述与模型假设

5.3.1 问题描述

在能源结构调整、电力体制改革及"双碳"目标的背景下，政府为促进微电网项目的开发对微电网项目开发的参与方进行补贴，以降低微电网的开发成本、提高微电网的项目收益，刺激微电网项目开发的投资需求和消费需求。

在微电网产业链中，主要涉及生产、传输、分配和消费四个阶段，涉及政府、投资商、设备供应商、运营商和用户。微电网通过这四个阶段和五个参与方，完成对清洁能源和可再生能源的电力生产和消费。因此，这四个阶段和五个参与方成为微电网产业链的重要部分。

微电网产业链中，在生产阶段，投资商（如电网公司、新能源公司等）投资建设微电网，提供项目质量为 q 的微电网，并将微电网的电通过价格 p_2 直接售卖给用户，或以价格 p_1 卖给运营商再由其售电给用户。设备供应商，基于自身的技术 t，通过提供价格 p_e 和质量 q 的设备给投资商，以参与微电网项目的开发。在传输和分配阶段，运营商（如售电公司、电网公司、投资商自营的运营公司）通过向投资商以价格 p_1 购电，并将电以价格 p_o 售卖给用户，与投资商直接供电在售电市场上形成竞争。在消费阶段，用户作为微电网电力的消费方，根据微电网项目的质量 q 和价格 p_o、p_2，选择是否使用微电网，选择哪一种用电方式，或用哪家微电网公司的电。

在微电网产业链中，政府不同补贴对象下，微电网各参与方的定价和收益是多少？政府不同补贴对象下，哪些因素对微电网补贴策略有影响？有何影响？政府不同补贴对象下，微电网产业链中不同运转效率指标和不同情境下最优的补贴策略是什么？补贴对微电网的价值补偿如何体现？为此我们构建以下的博弈模型。

5.3.2　模型假设

本书基于混合销售渠道的微电网项目开发模型（见图 5.1），研究不同补贴对象的选择对微电网产业链各参与方定价和收益的影响，以及何种补贴对象的选择能使微电网产业链的效率最优。为使研究更具科学性和针对性，我们基于微电网补贴实践，从微电网补贴的关键参与方出发建立了假设，例如，从微电网售电方式、补贴方式、参与方特征、收益特征、需求特征、市场特征等方面去建立假设。建立的具体假设如下。

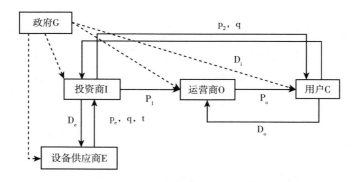

图 5.1　不同补贴对象下微电网产业链补贴模型

假设 5.1　微电网通过两种方式对用户进行售电，一是投资商直接售电给用户；二是投资商售电给运营商，再由运营商售电给用户。

同时，根据混合销售渠道的需求公式和微电网实践，可设用户对混合销售渠道的需求函数如下。

运营商面临的用户需求量（也指投资商面临的用户间接需求量）：

$$D_o = r_0 - r_1 p_o - r_2 (p_o - p_2) = r_0 - (r_1 + r_2) p_o + r_2 p_2 \tag{5.1}$$

其中，$r_1 > 0$，$r_2 > 0$。

投资商面临的用户直接需求量：

$$D_i = \begin{cases} r_2 (p_o - p_2) + \theta q, p_o - p_2 > 0 \\ 0, p_o - p_2 \leq 0 \end{cases} \tag{5.2}$$

其中，r_0 为市场总需求量；r_1 为用户对运营商售电的价格弹性；r_2 为用户对运营商和投资商价格差的弹性系数，表示两种方式的竞争程度。可以看出，r_2 越大，这两种售电方式的差异就越大，竞争程度越大。同时，用户对投资商的电力需求还受投资商所提供微电网质量的影响，θ 为质量系数。

由于微电网包含发电—输电—配电—售电四个方面。在电力体制改革的背景下，微电网可以通过售电给运营商再由其转售给用户，运营商如微电网投资商成立的运营公司、售电公司、电网公司或其他第三方运营公司。投资商成立的运营公司由于运营成本的存在，其价格也不同于投资商直接售电的价格。

假设 5.2　政府对微电网的补贴系数为 $\delta(\delta > 0)$。δ 的大小由微电网带来的社会收益、环保价值等因素综合决定。l 为单位微电网补贴的最高限额。因此，微电网开发的单位补贴为 δl。由于政府补贴对不同对象的影响作用存在差异，因此，我们假设 ε_i、ε_e、ε_o、ε_c（$\varepsilon_i > 0$，$\varepsilon_e > 0$，$\varepsilon_o > 0$，$\varepsilon_c > 0$）分别为补贴对微电网投资商成本、设备供应商成本、运营商成本和用户需求的影响系数。

由于微电网的补贴资金来源于可再生能源发展资金，实际中对微电网补贴额度的大小也主要来源于其带来的可再生能源利用提高、能源利用效率提高、环保收益等社会收益。同时，当政府补贴不同对象时，对不同对象的成本、收益影响也不一样，因此，补贴对不同对象的影响系数存在差异。

假设 5.3 政府和投资商为微电网项目开发的主导者，设备供应商、运营商和用户为跟随者。通常政府通过财政支出和政策制定引导微电网的投资和开发，本书主要研究政府通过财政补贴策略来引导微电网的投资、开发以及利益分配；投资商通过售电价格来影响运营商的售电价格和用户的购电价格；设备供应商通过自身技术和所提供设备的质量和价格来影响用户的需求、自身利润、投资商利润。所有利益相关者均以自身利益最大化进行决策。这是符合实际的。在实际的微电网项目开发流程中，各方的角色和相互关系也是如此，且各方均以自身利益最大化作出决策。

假设 5.4 各利益相关者均为理性经济人，风险偏好为中性，均以自身收益最大化进行决策。投资商的收益主要包括三部分：直接售电给用户的收益、间接售电给用户的收益以及分享给设备供应商的利润。因此，投资商的收益函数为价格、成本和需求的线性函数，即：

$$\pi_i = (p_1 - c_i) D_o + (p_2 - c_i) D_i - p_e D_e \tag{5.3}$$

运营商的收益主要包括三个部分：直接售电给用户的收益、支付给投资商的成本、自身的运营成本。因此，设运营商的收益函数为售电价格、支付给投资商的价格、运营成本和用户需求的线性函数，表示为：

$$\pi_o = (p_o - p_1 - c_o) D_o \tag{5.4}$$

设备供应商收益主要包括两个部分：来自提供设备的收益和自身的成本。设设备供应商的收益函数为价格、成本和需求的线性函数，即：

$$\pi_e = (p_e - c_e) D_e \tag{5.5}$$

投资商、运营商和设备供应商的收益等于其总收益减去总成本。同时，基于供需均衡的原则，用需求量来代理各参与方的销量是合理的。通过对各参与方具体收益和成本的区分可以得到各参与方的收益函数。

假设 5.5 投资商对设备供应商的需求函数，为设备供应商价格和质量的函数，即：

$$D_e = h_0 - h_1 p_e + h_2 q \qquad (q = \rho t, \rho > 0) \tag{5.6}$$

其中，h_0 为投资商对设备供应商的总需求；h_1 为投资商对设备供应商需求的价格弹性系数；h_2 为投资商对设备供应商需求的质量弹性系数，设备供应商的质量属性为其技术水平 t 的函数。同时，设备供应商自身的技术成本满足关系式 $c_e = 1/2kt^2$，k 为技术成本弹性系数。

投资商对设备供应商的设备需求，当不受质量影响时，仅随价格变化来决定需求；当受质量影响时，投资商对设备供应商设备的需求，受价格和质量的综合影响。设备供应商设备的质量受设备供应商技术水平高低的影响，其成本也随技术水平的提升呈指数级增加。

假设 5.6　假设微电网项目开发系统为充分竞争的系统。政府的补贴可在各利益相关者之间自由地转移；随着环境和其他因素的变化，政府的补贴也会发生相应的变化。

在实际中，微电网项目开发中各参与方均以自身利益最大化为目标参与开发是充分竞争的。随着具体情况的变化，政府可灵活调整补贴对象和补贴方式。

5.4　模型求解与结果分析

5.4.1　基于四个不同补贴对象的补贴模型求解

本书依据微电网产业链中各阶段不同的参与方设计了政府补贴给用户的 C 模型、补贴给投资商的 I 模型、补贴给运营商的 O 模型、补贴给设备供应商的 E 模型，来具体研究不同补贴对象下的微电网产业链运转情况。各模型的求解如下。

5.4.1.1　补贴对象为用户的 C 模型

用户是微电网的消费者。微电网的最终目的是满足用户需求和改善用户的用能，只有用户采用了微电网，微电网的环保价值和社会价值才能得以体现。由于微电网发展初期建设质量和电能质量的不确定性，使用户对微电网的消费意愿较低。同时，由于相对于传统电网的低价格，微电网的价格偏高，也导致用户的消费需求不足。政府为刺激用户对微电网的消费需求，往往采取直接对用户进行补贴。例如，云阳居民太阳能项目，政府直接对安装太阳能发电设备的居民进行财政补贴，以引导用户消费。我们建立 C 模型来探讨政府补贴给用户的情况。为了便于研究，我们假设政府补贴对用户需求的影响是线性的，此时需求函数变为：

$$
\begin{aligned}
D_o &= r_0 - r_1 p_o - r_2 (p_o - p_2) + \varepsilon_c \delta l \\
&= r_0 - (r_1 + r_2) p_o + r_2 p_2 + \varepsilon_c \delta l
\end{aligned}
\tag{5.7}
$$

$$
D_i = \begin{cases} r_2 (p_o - p_2) + \theta q + \varepsilon_c \delta l, & p_o - p_2 > 0 \\ 0, & p_o - p_2 \leqslant 0 \end{cases}
\tag{5.8}
$$

此处用逆向归纳法求解均衡，先从分配阶段的运营商开始，求解运营商的均衡。运营商以价格 p_o 进行决策，因此，求得运营商的反应函数为：

$$
\frac{\partial \pi_o}{\partial p_o} = c_o = r_0 - 2(r_1 + r_2) p_o + (r_1 + r_2) p_1 + r_2 p_2 + \varepsilon_c \delta l + (r_1 + r_2) c_o
\tag{5.9}
$$

均衡时一阶条件满足 $\dfrac{\partial \pi_o}{\partial p_o} = 0$，可得：

$$
p_o = \frac{1}{2} p_1 + \frac{r_2}{2(r_1 + r_2)} p_2 + \frac{r_0 + \varepsilon_c \delta l + (r_1 + r_2) c_o}{2(r_1 + r_2)}
\tag{5.10}
$$

由于投资商根据价格 p_1、p_2 进行主动决策。将式（5.10）代入式（5.3），并计算 π_i 关于 p_1、p_2 的偏导，可得投资商的反应函数为：

$$
\frac{\partial \pi_i}{\partial p_1} = \frac{1}{2} r_0 - (r_1 + r_2) p_1 + \frac{1}{2} \varepsilon_c \delta l - \frac{1}{2}(r_1 + r_2) c_o + \frac{1}{2} r_1 c_i + r_2 p_2
\tag{5.11}
$$

$$
\frac{\partial \pi_i}{\partial p_2} = \frac{r_1 r_2}{2(r_1 + r_2)} c_i - \frac{2 r_1 r_2 + r_2^2}{r_1 + r_2} p_2 + \frac{r_0 r_2 + r_2 \varepsilon_c \delta l + r_2 (r_1 + r_2) c_o}{2(r_1 + r_2)} + \theta q + \varepsilon_c \delta l + r_2 p_1
$$

$$
\tag{5.12}
$$

均衡时一阶条件满足 $\dfrac{\partial \pi_i}{\partial p_1} = 0$，$\dfrac{\partial \pi_i}{\partial p_2} = 0$，可得：

$$p_1 = \frac{r_0}{2(r_1 + r_2)} + \frac{1}{2(r_1 + r_2)}\varepsilon_c \delta l - \frac{1}{2}c_o$$

$$+ \frac{r_1}{2(r_1 + r_2)}c_i + \frac{r_2}{r_1 + r_2}p_2 \qquad (5.13)$$

$$p_2 = \frac{r_1}{2(2r_1 + r_2)}c_i + \frac{r_0 + (r_1 + r_2)c_o}{2(2r_1 + r_2)} + \frac{r_1 + r_2}{r_2(2r_1 + r_2)}\theta q$$

$$- \frac{2r_1 + 3r_2}{2r_2(2r_1 + r_2)}\varepsilon_c \delta l + \frac{r_1 + r_2}{2r_1 + r_2}p_1 \qquad (5.14)$$

联立式（5.13）和式（5.14）计算得：

$$p_1 = \frac{r_0}{2r_1} - \frac{r_2}{2r_1(r_1 + r_2)}\varepsilon_c \delta l + \frac{1}{2}c_i - \frac{1}{2}c_o + \frac{1}{2r_1}\theta q \qquad (5.15)$$

$$p_2 = \frac{r_0}{2r_1} + \frac{1}{2}c_i - \frac{r_1 + r_2}{2r_1 r_2}\varepsilon_c \delta l + \frac{r_1 + r_2}{2r_1 r_2}\theta q \qquad (5.16)$$

设备供应商以 p_e 进行主动决策，因此，设备供应商的反应函数为：

$$\frac{\partial \pi_e}{\partial p_e} = h_0 - 2h_1 p_e + h_2 q + h_1 c_e \qquad (5.17)$$

均衡时一阶条件 $\dfrac{\partial \pi_e}{\partial p_e} = 0$，可得：

$$p_e = \frac{h_0}{2h_1} + \frac{h_2}{2h_1}q + \frac{1}{2}c_e \qquad (5.18)$$

将式（5.15）和式（5.16）代入式（5.10）可得式（5.22）。由此可得，补贴给用户均衡时的各参与方价格为：

$$p_1 = \frac{r_0}{2r_1} - \frac{r_2}{2r_1(r_1 + r_2)}\varepsilon_c \delta l + \frac{1}{2}c_i - \frac{1}{2}c_o + \frac{1}{2r_1}\theta q \qquad (5.19)$$

$$p_2 = \frac{r_0}{2r_1} + \frac{1}{2}c_i - \frac{r_1 + r_2}{2r_1 r_2}\varepsilon_c \delta l + \frac{r_1 + r_2}{2r_1 r_2} \qquad (5.20)$$

$$p_e = \frac{h_0}{2h_1} + \frac{h_2}{2h_1}q + \frac{1}{2}c_e \tag{5.21}$$

$$p_o = \frac{r_0(3r_1 + 2r_2)}{4r_1(r_1 + r_2)} + \frac{1}{2r_1}\theta q + \frac{r_1 + 2r_2}{4(r_1 + r_2)}c_i + \frac{-2r_2 + r_1}{4r_1(r_1 + r_2)}\varepsilon_c\delta l + \frac{1}{4}c_o \tag{5.22}$$

这里所求得的 p_1、p_2、p_e、p_o 是政府补贴给用户模型下均衡解的价格，它们的组合是该模型下均衡的决策集合。该模型下投资商、设备供应商和运营商采用这一决策组合是对自身最有利的。将 p_1、p_2、p_e、p_o 代入各参与方的收益函数和需求函数，可计算此决策下投资商、设备供应商和运营商的均衡收益。

投资商收益为：

$$\pi_i = \left(\frac{r_0}{2r_1} - \frac{r_2}{2r_1(r_1 + r_2)}\varepsilon_c\delta l - \frac{1}{2}c_i - \frac{1}{2}c_o + \frac{1}{2r_1}\theta q\right) \times \left(\frac{r_0}{4} - \frac{r_1}{4}c_i - \frac{r_1 + r_2}{4}c_o + \frac{1}{4}\varepsilon_c\delta l\right)$$

$$+ \left(\frac{r_0}{2r_1} - \frac{1}{2}c_i - \frac{r_1 + r_2}{2r_1 r_2}\varepsilon_c\delta l + \frac{r_1 + r_2}{2r_1 r_2}\theta q\right)$$

$$\times \left(\frac{r_0 r_2}{4(r_1 + r_2)} + \frac{1}{2}\theta q + \frac{r_2}{4}c_o - \frac{r_2 r_1}{4(r_1 + r_2)}c_i + \frac{4(2r_1 + 3r_2)}{4(r_1 + r_2)}\varepsilon_c\delta l\right)$$

$$- \left(\frac{h_0}{2h_1} + \frac{h_2}{2h_1}q + \frac{1}{2}c_e\right) \times \left(\frac{1}{2}h_0 - \frac{h_1}{2}c_e + \frac{1}{2}h_2 q\right) \tag{5.23}$$

运营商收益为：

$$\pi_o = \left(-\frac{1}{4}c_o + \frac{1}{4(r_1 + r_2)}\varepsilon_c\delta l - \frac{r_1}{4(r_1 + r_2)}c_i + \frac{r_0 r_1}{4r_1(r_1 + r_2)}\right)$$

$$\times \left(\frac{r_0}{4} - \frac{r_1}{4}c_i - \frac{r_1 + r_2}{4}c_o + \frac{1}{4}\varepsilon_c\delta l\right) \tag{5.24}$$

设备供应商收益为：

$$\pi_e = \left(\frac{h_0}{2h_1} + \frac{h_2}{2h_1}q - \frac{1}{2}c_e\right)\left(\frac{1}{2}h_0 - \frac{h_1}{2}c_e + \frac{1}{2}h_2 q\right) \tag{5.25}$$

5.4.1.2　补贴对象为投资商的 I 模型

投资商是微电网生产阶段的关键参与方，负责微电网的投资和建设，例如，中国的国家电网公司、南方电网公司、中国的"五大"发电公司、各地方能源投资集团、各地燃气集团、各地新能源公司、众筹基金等能源投资者。在电力体制改革和能源供应结构调整的背景下，投资商为了提高可再生能源的利用率以及获得更多的市场收益，进入微电网市场开发微电网项目。投资商通过对相关资源的整合，以进行微电网的开发。因此，在微电网发展初期，政府往往采取直接补偿给投资商的方式，以鼓励投资商进行微电网的开发。例如，天津滨海新区微电网项目，政府直接补贴给投资商，以鼓励其进行微电网的开发。我们建立 I 模型来探讨政府补贴给投资商的情况。政府通过税金减免和直接补贴成本与收益的方式直接补贴给投资商。为了研究方便，我们假设补贴带来投资商成本的减少或收益的增加，投资商的决策函数变为：

$$\pi_i = (p_1 - c_i + \varepsilon_i \delta l) D_o + (p_2 - c_i + \varepsilon_i \delta l) D_i - p_e D_e \tag{5.26}$$

此处用逆向归纳法求解均衡，从分配阶段的运营商开始求解均衡。运营商以价格 p_o 进行决策，因此，运营商的反应函数为：

$$\frac{\partial \pi_o}{\partial p_o} = r_0 - 2(r_1 + r_2) p_o + (r_1 + r_2) p_1 + r_2 p_2 + (r_1 + r_2) c_o \tag{5.27}$$

均衡时一阶条件满足 $\frac{\partial \pi_o}{\partial p_o} = 0$，可得：

$$p_o = \frac{1}{2} p_1 + \frac{r_2}{2(r_1 + r_2)} p_2 + \frac{r_0 + (r_1 + r_2) c_o}{2(r_1 + r_2)} \tag{5.28}$$

由于投资商根据价格 p_1、p_2 进行主动决策。将式（5.28）代入式（5.26），并计算 π_i 关于 p_1、p_2 的偏导，可得投资商的反应函数为：

$$\frac{\partial \pi_i}{\partial p_1} = \frac{1}{2} r_0 - (r_1 + r_2) p_1 - \frac{1}{2}(r_1 + r_2) c_o + \frac{r_1}{2} c_i - \frac{r_1}{2} \varepsilon_i \delta l + r_2 p_2 \tag{5.29}$$

$$\frac{\partial \pi_i}{\partial p_2} = \frac{r_1 r_2}{2(r_1 + r_2)} c_i + r_2 p_1 - \frac{r_2(2r_1 + r_2)}{r_1 + r_2} p_2 + \theta q - \frac{r_1 r_2}{2(r_1 + r_2)} \varepsilon_i \delta l + \frac{r_0 r_2}{2(r_1 + r_2)} + \frac{r_2}{2} c_o$$

$$\tag{5.30}$$

均衡时一阶条件满足 $\dfrac{\partial \pi_i}{\partial p_1} = 0$，$\dfrac{\partial \pi_i}{\partial p_2} = 0$，可得：

$$p_1 = \frac{1}{2(r_1 + r_2)} r_0 - \frac{1}{2} c_o + \frac{r_1}{2(r_1 + r_2)} c_i - \frac{r_1}{2(r_1 + r_2)} \varepsilon_i \delta l + \frac{r_2}{r_1 + r_2} p_2 \qquad (5.31)$$

$$p_2 = \frac{r_1}{2(2r_1 + r_2)} c_i + \frac{r_1 + r_2}{2r_1 + r_2} p_1 + \frac{r_1 + r_2}{r_2(2r_1 + r_2)} \theta q - \frac{r_1}{2(2r_1 + r_2)} \varepsilon_i \delta l$$

$$+ \frac{r_0}{2(2r_1 + r_2)} + \frac{r_1 + r_2}{2(2r_1 + r_2)} c_o \qquad (5.32)$$

联立式（5.31）和式（5.32）计算得：

$$p_1 = \frac{1}{2r_1} r_0 - \frac{1}{2} c_o + \frac{1}{2} c_i - \frac{1}{2} \varepsilon_i \delta l + \frac{1}{2r_1} \theta q \qquad (5.33)$$

$$p_2 = \frac{1}{2r_1} r_0 + \frac{r_1 + r_2}{2r_1 r_2} \theta q + \frac{1}{2} c_i - \frac{1}{2} \varepsilon_i \delta l \qquad (5.34)$$

设备供应商以 p_e 进行主动决策，因此，设备供应商的反应函数为：

$$\frac{\partial \pi_e}{\partial p_e} = D_e + (p_e - c_e)(-h_1) = h_0 - h_1 p_e + h_2 q - h_1 p_e + h_1 c_e$$

$$= h_0 - 2h_1 p_e + h_2 q + h_1 c_e \qquad (5.35)$$

均衡时一阶条件 $\dfrac{\partial \pi_e}{\partial p_e} = 0$，可得：

$$p_e = \frac{h_0}{2h_1} + \frac{h_2}{2h_1} q + \frac{1}{2} c_e \qquad (5.36)$$

将式（5.33）和式（5.34）代入式（5.28）可得式（5.40）。由此，补贴给能源投资商时的各参与方的价格为：

$$p_1 = \frac{1}{2r_1} r_0 - \frac{1}{2} c_o + \frac{1}{2} c_i - \frac{1}{2} \varepsilon_i \delta l + \frac{1}{2r_1} \theta \qquad (5.37)$$

$$p_2 = \frac{1}{2r_1} r_0 + \frac{r_1 + r_2}{2r_1 r_2} \theta q + \frac{1}{2} c_i - \frac{1}{2} \varepsilon_i \qquad (5.38)$$

$$p_e = \frac{h_0}{2h_1} + \frac{h_2}{2h_1} q + \frac{1}{2} c_e \qquad (5.39)$$

$$p_o = \frac{3r_1 + 2r_2}{4r_1(r_1 + r_2)}r_0 + \frac{1}{4}c_o + \frac{1}{2r_1}\theta q + \frac{r_1 + 2r_2}{4(r_1 + r_2)}c_i - \frac{r_1 + 2r_2}{4(r_1 + r_2)}\varepsilon_i\delta l \quad (5.40)$$

这里所求得的 p_1、p_2、p_e、p_o 是政府补贴给投资商模型下均衡解的价格，它们的组合是该模型下均衡的决策集合，该模型下投资商、设备供应商和运营商采用这一决策组合是对自身最有利的。将 p_1、p_2、p_e、p_o 代入各参与方的收益函数和需求函数，可计算此决策下能源投资商、运营商和设备供应商的均衡收益。

投资商收益为：

$$\pi_i = \left(\frac{1}{2r_1}r_0 - \frac{1}{2}c_o - \frac{1}{2}c_i + \frac{1}{2}\varepsilon_i\delta l + \frac{1}{2r_1}\theta q\right) \times \left(\frac{1}{4}r_0 - \frac{r_1 + r_2}{4}c_o - \frac{r_1}{4}c_i + \frac{r_1}{4}\varepsilon_i\delta l\right)$$

$$+ \left(\frac{1}{2r_1}r_0 + \frac{r_1 + r_2}{2r_1r_2}\theta q - \frac{1}{2}c_i + \frac{1}{2}\varepsilon_i\delta l\right)$$

$$\times \left(\frac{r_2}{4(r_1 + r_2)}r_0 + \frac{1}{2}\theta q - \frac{r_1r_2}{4(r_1 + r_2)}c_i + \frac{r_2}{4}c_o + \frac{r_1r_2}{4(r_1 + r_2)}\varepsilon_i\delta l\right)$$

$$- \left(\frac{h_0}{2h_1} + \frac{h_2}{2h_1}q - \frac{1}{2}c_e\right) \times \left(\frac{1}{2}h_0 - \frac{h_1}{2}c_e + \frac{1}{2}h_2q\right) \quad (5.41)$$

运营商收益为：

$$\pi_o = \left(\frac{1}{4(r_1 + r_2)}r_0 - \frac{1}{4}c_o - \frac{r_1}{4(r_1 + r_2)}c_i + \frac{r_1}{4(r_1 + r_2)}\varepsilon_i\delta l\right)$$

$$\times \left(\frac{1}{4}r_0 - \frac{r_1 + r_2}{4}c_o - \frac{r_1}{4}c_i + \frac{r_1}{4}\varepsilon_i\delta l\right) \quad (5.42)$$

设备供应商收益为：

$$\pi_e = \left(\frac{h_0}{2h_1} + \frac{h_2}{2h_1}q - \frac{1}{2}c_e\right)\left(\frac{1}{2}h_0 - \frac{h_1}{2}c_e + \frac{1}{2}h_2q\right) \quad (5.43)$$

5.4.1.3 补贴对象为运营商的 O 模型

运营商作为微电网系统中配售环节的关键方，直接和用户进行交易。运营商工作的质量和效率，直接影响用户对微电网的用电体验和需求满足水平。传统的电网以电网公司作为运营商，进行电网输配的统一运营和管理。随着电力体制改革，国家逐渐放开配售市场，允许私人资本进入电网的配售市场，有利于提高电网配售的质量和效率。为此，政府往往通过优惠和补贴的方式，以激励各方资本参与微电网的配售。例如，国家出台允许私人资本成立配售公司的政策和相应的优惠、补贴政策。我们建立 O 模型来探讨政府补贴给运营商情境下的情况。为了研究的方便，我们假设政府的补贴增加了运营商的收益或减少了运营商的成本，运营商的决策函数变为：

$$\pi_o = (p_o - p_1 - c_o + \varepsilon_o \delta l) D_o \tag{5.44}$$

我们用逆向归纳法求解均衡，从分配阶段的运营商开始求解均衡。运营商以价格 p_o 进行决策，因此，运营商的反应函数为：

$$\frac{\partial \pi_o}{\partial p_o} = r_0 - 2(r_1 + r_2)p_o + (r_1 + r_2)p_1 + r_2 p_2 + (r_1 + r_2)c_o - (r_1 + r_2)\varepsilon_o \delta l \tag{5.45}$$

均衡时一阶条件满足 $\frac{\partial \pi_o}{\partial p_o} = 0$，可得：

$$p_o = \frac{1}{2}p_1 + \frac{r_2}{2(r_1 + r_2)}p_2 + \frac{r_0 - (r_1 + r_2)\varepsilon_o \delta l + (r_1 + r_2)c_o}{2(r_1 + r_2)} \tag{5.46}$$

由于投资商根据价格 p_1、p_2 进行主动决策。将式（5.46）代入式（5.3），并计算 π_i 关于 p_1、p_2 的偏导，可得投资商的反应函数为：

$$\frac{\partial \pi_i}{\partial p_1} = \frac{1}{2}r_0 - (r_1 + r_2)p_1 + r_2 p_2 + \frac{1}{2}(r_1 + r_2)\varepsilon_o \delta l - \frac{1}{2}(r_1 + r_2)c_o + \frac{r_1}{2}c_i \tag{5.47}$$

$$\frac{\partial \pi_i}{\partial p_2} = \frac{r_1 r_2}{2(r_1 + r_2)}c_i - \frac{r_2(2r_1 + r_2)}{r_1 + r_2}p_2 + r_2 p_1 + \frac{r_2}{2(r_1 + r_2)}r_0 - \frac{r_2}{2}\varepsilon_o \delta l + \frac{r_2}{2}c_o + \theta q \tag{5.48}$$

均衡时一阶条件满足 $\frac{\partial \pi_i}{\partial p_1} = 0$，$\frac{\partial \pi_i}{\partial p_2} = 0$，联立方程解得：

$$p_1 = \frac{1}{2(r_1 + r_2)} r_0 + \frac{r_2}{r_1 + r_2} p_2 + \frac{1}{2} \varepsilon_o \delta l - \frac{1}{2} c_o + \frac{r_1}{2(r_1 + r_2)} c_i \qquad (5.49)$$

$$p_2 = \frac{r_1}{2(2r_1 + r_2)} c_i + \frac{r_1 + r_2}{2r_1 + r_2} p_1 + \frac{1}{2(2r_1 + r_2)} r_0 - \frac{r_1 + r_2}{2(2r_1 + r_2)} \varepsilon_o \delta l$$

$$+ \frac{r_1 + r_2}{2(2r_1 + r_2)} c_o + \frac{r_1 + r_2}{r_2(2r_1 + r_2)} \theta q \qquad (5.50)$$

联立式（5.49）和式（5.50）计算得：

$$p_1 = \frac{1}{2r_1} r_0 + \frac{1}{2} \varepsilon_o \delta l - \frac{1}{2} c_o + \frac{1}{2r_1} \theta q + \frac{1}{2} c_i \qquad (5.51)$$

$$p_2 = \frac{1}{2} c_i + \frac{1}{2r_1} r_0 + \frac{r_1 + r_2}{2r_1 r_2} \theta q \qquad (5.52)$$

设备供应商以 p_e 进行主动决策，因此，设备供应商的反应函数为：

$$\frac{\partial \pi_e}{\partial p_e} = h_0 - h_1 p_e + h_2 q - h_1 p_e + h_1 c_e$$

$$= h_0 - 2h_1 p_e + h_2 q + h_1 c_e \qquad (5.53)$$

均衡时一阶条件 $\frac{\partial \pi_e}{\partial p_e} = 0$，可得：

$$p_e = \frac{h_0}{2h_1} + \frac{h_2}{2h_1} q + \frac{1}{2} c_e \qquad (5.54)$$

将式（5.51）和式（5.52）代入式（5.46）可计算 p_o。由此可得补贴给运营商时各参与方的价格，即：

$$p_1 = \frac{1}{2r_1} r_0 + \frac{1}{2} \varepsilon_o \delta l - \frac{1}{2} c_o + \frac{1}{2r_1} \theta q + \frac{1}{2} c_i \qquad (5.55)$$

$$p_2 = \frac{1}{2} c_i + \frac{1}{2r_1} r_0 + \frac{r_1 + r_2}{2r_1 r_2} \theta \qquad (5.56)$$

$$p_o = \frac{3r_1 + 2r_2}{4r_1(r_1 + r_2)} r_0 - \frac{1}{4} \varepsilon_o \delta l + \frac{1}{4} c_o + \frac{1}{2r_1} \theta q + \frac{r_1 + 2r_2}{4(r_1 + r_2)} c_i \qquad (5.57)$$

$$p_e = \frac{h_0}{2h_1} + \frac{h_2}{2h_1} q + \frac{1}{2} c_e \qquad (5.58)$$

这里所求得的 p_1、p_2、p_e、p_o 是政府补贴给运营商模型下均衡解的价格，它们的组合是该模型下均衡的决策集合，该模型下投资商、设备供应商和运营商采用这一决策组合是对自身最有利的。将 p_1、p_2、p_e、p_o 代入各参与方的收益函数和需求函数，可计算此决策下投资商、运营商和设备供应商的均衡收益。

投资商收益为：

$$\pi_i = \left(\frac{1}{2r_1}r_0 + \frac{1}{2}\varepsilon_o\delta l - \frac{1}{2}c_o + \frac{1}{2r_1}\theta q - \frac{1}{2}c_i \right) \times \left(\frac{1}{4}r_0 + \frac{r_1+r_2}{4}\varepsilon_o\delta l - \frac{r_1+r_2}{4}c_o - \frac{r_1}{4}c_i \right)$$

$$+ \left(-\frac{1}{2}c_i + \frac{1}{2r_1}r_0 + \frac{r_1+r_2}{2r_1r_2}\theta q \right) \times \left(\frac{r_2}{4(r_1+r_2)}r_0 - \frac{r_2}{4}\varepsilon_o\delta l + \frac{r_2}{4}c_o + \frac{1}{2}\theta q - \frac{r_1r_2}{4(r_1+r_2)}c_i \right)$$

$$- \left(\frac{h_0}{2h_1} + \frac{h_2}{2h_1}q - \frac{1}{2}c_e \right) \times \left(\frac{1}{2}h_0 - \frac{h_1}{2}c_e + \frac{1}{2}h_2 q \right) \quad (5.59)$$

运营商收益为：

$$\pi_o = \left(\frac{1}{4(r_1+r_2)}r_0 + \frac{1}{4}\varepsilon_o\delta l - \frac{1}{4}c_o - \frac{r_1}{4(r_1+r_2)}c_i \right)$$

$$\times \left(\frac{1}{4}r_0 + \frac{r_1+r_2}{4}\varepsilon_o\delta l - \frac{r_1+r_2}{4}c_o - \frac{r_1}{4}c_i \right) \quad (5.60)$$

设备供应商收益为：

$$\pi_e = \left(\frac{h_0}{2h_1} + \frac{h_2}{2h_1}q - \frac{1}{2}c_e \right) \left(\frac{1}{2}h_0 - \frac{h_1}{2}c_e + \frac{1}{2}h_2 q \right) \quad (5.61)$$

5.4.1.4　补贴对象为设备供应商的 E 模型

设备供应商是微电网生产阶段的重要参与方。例如，微电网的电机供应商、储能供应商等关键设备供应商，为微电网的开发提供设备和技术支持，对微电网的发展至关重要。设备供应商通过提供自身的技术和设备质量与投资商共同建设微电网。微电网产业发展初期技术的不确定性、用户需求的不确定性较高。设备供应商的参与，可发挥其专业化的能力，改善微电网的技术和建设质量，能带来创新性和差异化的微电网建设方案和价格，有利于满足用户多样化需求，以促进微电网的发展。为此，国家为鼓励设备供应商行业的发展，出台了相应的优惠政策。我们建立 E 模型来探讨政府补贴给设备供应商情境下的情况。为了研究的方便，我们假设政府的补贴优惠使设备供应商成本减少或收入增加，则设备供应商的决策函数为：

$$\pi_e = (p_e - c_e + \varepsilon_e \delta l) D_e \qquad (5.62)$$

我们用逆向归纳法求解均衡，从分配阶段的运营商开始求解均衡。运营商以价格 p_o 进行决策，因此，运营商的反应函数为：

$$\frac{\partial \pi_o}{\partial p_o} = r_0 - 2(r_1 + r_2) p_o + (r_1 + r_2) p_1 + r_2 p_2 + (r_1 + r_2) c_o \qquad (5.63)$$

均衡时一阶条件满足 $\frac{\partial \pi_o}{\partial p_o} = 0$，可得：

$$p_o = \frac{1}{2} p_1 + \frac{r_2}{2(r_1 + r_2)} p_2 + \frac{r_0 + (r_1 + r_2) c_o}{2(r_1 + r_2)} \qquad (5.64)$$

由于投资商根据价格 p_1、p_2 进行主动决策。将式（5.64）代入式（5.3），并计算 π_i 关于 p_1、p_2 的偏导，可得投资商的反应函数为：

$$\frac{\partial \pi_i}{\partial p_1} = \frac{1}{2} r_0 - (r_1 + r_2) p_1 - \frac{1}{2}(r_1 + r_2) c_o + r_2 p_2 + \frac{r_1}{2} c_i \qquad (5.65)$$

$$\frac{\partial \pi_i}{\partial p_2} = \frac{r_1 r_2}{2(r_1 + r_2)} c_i - \frac{r_2(2r_1 + r_2)}{r_1 + r_2} p_2 + r_2 p_1 + \frac{r_2}{2(r_1 + r_2)} r_0 + \frac{r_2}{2} c_o + \theta q$$

$$(5.66)$$

均衡时一阶条件满足 $\frac{\partial \pi_i}{\partial p_1} = 0$，$\frac{\partial \pi_i}{\partial p_2} = 0$，可得：

$$p_1 = \frac{1}{2(r_1 + r_2)} r_0 - \frac{1}{2} c_o + \frac{r_2}{r_1 + r_2} p_2 + \frac{r_1}{2(r_1 + r_2)} c_i \qquad (5.67)$$

$$p_2 = \frac{r_1}{2(2r_1 + r_2)} c_i + \frac{r_1 + r_2}{2r_1 + r_2} p_1 + \frac{1}{2(2r_1 + r_2)} r_0 + \frac{r_1 + r_2}{2(2r_1 + r_2)} c_o + \frac{r_1 + r_2}{r_2(2r_1 + r_2)} \theta q$$

$$(5.68)$$

联立式（5.67）和式（5.68）计算得：

$$p_1 = \frac{1}{2r_1}r_0 + \frac{1}{2}c_i - \frac{1}{2}c_o + \frac{1}{2r_1}\theta q \qquad (5.69)$$

$$p_2 = \frac{1}{2}c_i + \frac{1}{2r_1}r_0 + \frac{r_1 + r_2}{2r_1r_2}\theta q \qquad (5.70)$$

设备供应商以 p_e 进行主动决策，因此，设备供应商的反应函数为：

$$\frac{\partial \pi_e}{\partial p_e} = h_0 - 2h_1 p_e + h_2 q + h_1 c_e - h_1 \varepsilon_e \delta l \qquad (5.71)$$

均衡时一阶条件 $\dfrac{\partial \pi_e}{\partial p_e} = 0$，可得：

$$p_e = \frac{h_0}{2h_1} + \frac{h_2}{2h_1}q + \frac{1}{2}c_e - \frac{1}{2}\varepsilon_e \delta l \qquad (5.72)$$

将式（5.69）和式（5.70）代入式（5.64）可得式（5.76）。由此，补贴给设备供应商时，各参与方的价格为：

$$p_o = \frac{3r_1 + 2r_2}{4r_1(r_1 + r_2)}r_0 + \frac{r_1 + 2r_2}{4(r_1 + r_2)}c_i + \frac{1}{4}c_o + \frac{1}{2r_1}\theta q \qquad (5.73)$$

$$p_1 = \frac{1}{2r_1}r_0 + \frac{1}{2}c_i - \frac{1}{2}c_o + \frac{1}{2r_1}\theta q \qquad (5.74)$$

$$p_2 = \frac{1}{2}c_i + \frac{1}{2r_1}r_0 + \frac{r_1 + r_2}{2r_1r_2}\theta q \qquad (5.75)$$

$$p_e = \frac{h_0}{2h_1} + \frac{h_2}{2h_1}q + \frac{1}{2}c_e - \frac{1}{2}\varepsilon_e \delta l \qquad (5.76)$$

这里所求得的 p_1、p_2、p_e、p_o 是政府补贴给用户模型下均衡解的价格，它们的组合是该模型下均衡的决策集合，该模型下投资商、设备供应商和运营商采用这一决策组合是对自身最有利的。将 p_1、p_2、p_e、p_o 代入各参与方的收益函数和需求函数，可计算此决策下投资商、运营商和设备供应商的均衡收益。

投资商收益为：

$$\pi_i = \left(\frac{1}{2r_1}r_0 - \frac{1}{2}c_i - \frac{1}{2}c_o + \frac{1}{2r_1}\theta q\right)\left(\frac{1}{4}r_0 - \frac{r_1}{4}c_i - \frac{r_1 + r_2}{4}c_o\right)$$

$$+ \left(-\frac{1}{2}c_i + \frac{1}{2r_1}r_0 + \frac{r_1 + r_2}{2r_1 r_2}\theta q\right)\left(\frac{r_2}{4(r_1 + r_2)}r_0 - \frac{r_1 r_2}{4(r_1 + r_2)}c_i + \frac{r_2}{4}c_o + \frac{1}{2}\theta q\right)$$

$$- \left(\frac{h_0}{2h_1} + \frac{h_2}{2h_1}q + \frac{1}{2}c_e - \frac{1}{2}\varepsilon_e\delta l\right)\left(\frac{h_0}{2} - \frac{h_2}{2}q - \frac{h_1}{2}c_e + \frac{h_1}{2}\varepsilon_e\delta l\right) \quad (5.77)$$

运营商收益为：

$$\pi_o = \left(\frac{1}{4(r_1 + r_2)}r_0 - \frac{r_1}{4(r_1 + r_2)}c_i - \frac{1}{4}c_o\right)\left(\frac{1}{4}r_0 - \frac{r_1}{4}c_i - \frac{r_1 + r_2}{4}c_o\right) \quad (5.78)$$

设备供应商收益为：

$$\pi_e = \left(\frac{h_0}{2h_1} + \frac{h_2}{2h_1}q - \frac{1}{2}c_e + \frac{1}{2}\varepsilon_e\delta l\right) \times \left(\frac{h_0}{2} + \frac{h_2}{2}q - \frac{h_1}{2}c_e + \frac{h_1}{2}\varepsilon_e\delta l\right) \quad (5.79)$$

5.4.2 价格指标与收益指标结果分析

通过计算政府补贴给用户、投资商、运营商和设备供应商的模型可发现，政府补贴给不同的对象对微电网的产业链效率显著不同。在微电网开发过程中，当政府将不同价格和利润指标作为协调微电网项目开发和发展的优化目标时，微电网项目开发产业链的效率不同。本节通过对不同补贴对象模型下定价和收益的对比和分析，来探讨微电网产业链各参与方的价值补偿，以及何种补贴对象的选择能使微电网项目开发产业链效率最优。

5.4.2.1 价格指标的比较分析

投资商直售电价格指标 p_2：

$$p_{i2} - p_{e2} = -\frac{1}{2}\varepsilon_i\delta l + \frac{r_1 + r_2}{2r_1 r_2}\varepsilon_e\delta l = \frac{(r_1 + r_2)\varepsilon_e - r_1 r_2\varepsilon_i}{2r_1 r_2}\delta l \quad (5.80)$$

当 $\varepsilon_i \leqslant \frac{r_1 + r_2}{r_1 r_2}\varepsilon_e$ 时，$p_{i2} - p_{e2} \geqslant 0$，$p_{i2} \geqslant p_{e2}$，此时有 $p_{e2} = p_{o2} > p_{i2} \geqslant p_{e2}$，即

$E = O > I \geqslant C$；

当 $\varepsilon_i > \dfrac{r_1 + r_2}{3r_1 + 2r_2} \varepsilon_c$ 时，$p_{i2} - p_{c2} < 0$，$p_{i2} < p_{c2}$，此时有 $p_{e2} = p_{o2} > p_{c2} > p_{i2}$，即 $E = O > C > I$。

投资商售电给运营商的价格指标 p_1，当 $p_{o1} > p_{e1}$，$O > E$ 时：

$$p_{c1} - p_{i1} = -\frac{r_2}{2r_1(r_1 + r_2)}\ \varepsilon_c \delta l + \frac{1}{2}\varepsilon_i \delta l = \frac{r_1(r_1 + r_2)\varepsilon_i - r_2 \varepsilon_c}{2r_1(r_1 + r_2)}\delta l \quad (5.81)$$

当 $\varepsilon_i > \dfrac{r_2}{r_1(r_1 + r_2)}\varepsilon_c$ 时，$p_{c1} - p_{i1} > 0$，$p_{c1} > p_{i1}$，此时有 $p_{o1} > p_{e1} > p_{c1} > p_{i1}$，即 $O > E > C > I$；

当 $\varepsilon_i \leqslant \dfrac{r_2}{r_1(r_1 + r_2)}\varepsilon_c$ 时，$p_{c1} - p_{i1} \leqslant 0$，$p_{c1} \leqslant p_{i1}$，此时有 $p_{o1} > p_{e1} > p_{i1} \geqslant p_{c1}$，即 $O > E > I \geqslant C$。

运营商售电价格指标 p_o：

$$p_{oo} - p_{io} = -\frac{1}{4}\varepsilon_o \delta l + \frac{r_1 + 2r_2}{4(r_1 + r_2)}\varepsilon_i \delta l = \frac{(r_1 + 2r_2)\varepsilon_i - (r_1 + r_2)\varepsilon_o}{4(r_1 + r_2)}\delta l \quad (5.82)$$

$$p_{oo} - p_{co} = -\frac{1}{4}\varepsilon_o \delta l + \frac{2r_2 - r_1}{4r_1(r_1 + r_2)}\varepsilon_c \delta l = \frac{(2r_2 - r_1)\varepsilon_c - r_1(r_1 + r_2)\varepsilon_o}{4r_1(r_1 + r_2)}\delta l$$

$$(5.83)$$

当 $\dfrac{2r_2 - r_1}{r_1(r_1 + r_2)}\varepsilon_c < \varepsilon_o \leqslant \dfrac{r_1 + 2r_2}{r_1 + r_2}\varepsilon_i$ 时，$p_{io} \leqslant p_{oo} < p_{co}$，此时有 $p_{eo} > p_{co} > p_{oo} \geqslant p_{io}$，即 $E > C > O \geqslant I$；

当 $\dfrac{r_1 + 2r_2}{r_1 + r_2}\varepsilon_i < \varepsilon_o \leqslant \dfrac{2r_2 - r_1}{r_1(r_1 + r_2)}\varepsilon_c$ 时，$p_{co} \leqslant p_{oo} < p_{io}$，此时有 $p_{eo} > p_{io} > p_{oo} \geqslant p_{co}$，即 $E > I > O \geqslant C$。

设备供应商价格指标 p_e：

$$p_{ie} = p_{oe} = p_{ce} \quad (5.84)$$

$$p_{ee} - p_{ie} = -\frac{1}{2}\varepsilon_e \delta l \quad (5.85)$$

即 $I = O = C > E$。

结论：微电网产业链运转效率的四种价格指标均由补贴对投资成本影响系数 ε_i、补贴对运营成本影响系数 ε_o、补贴对用户需求影响系数 ε_c 以及微电网价格需求弹性系数 r_1 和价格替代弹性系数 r_2 五个参数决定。不同补贴对象下价格的具体值和大小关系由 ε_i、ε_o、ε_c、r_1、r_2 等参数的具体值而定。

对于投资商直售电价格 p_2 而言，补贴给投资商和用户的价格明显低于补贴给设备供应商和运营商时的价格。这主要是由于补贴给投资商和用户直接和间接地降低了微电网的成本，从而导致微电网直售电价格的下降。对于投资商卖电给运营商的电价 p_1 而言，补贴给运营商时的价格最高，补贴给设备供应商和投资商时较低。这主要原因是补贴给运营商时，降低了运营商的成本，提高了运营商的销售量，进而导致投资商卖给运营商的电力价格升高。对于运营商售电价格 p_o 而言，补贴给设备供应商最高，补贴给运营商、投资商和用户时较低。这主要是由于补贴给运营商、投资商和用户，降低了运营商的购电成本和增加了运营商的需求，从而导致运营商电价的降低。

5.4.2.2 收益指标的比较分析

投资商收益指标 π_i：

$$\pi_{ii} - \pi_{oi} = \left(\frac{r_1}{4}\varepsilon_i\delta l - \frac{r_1+r_2}{4}\varepsilon_o\delta l\right) \times \left(\frac{1}{2r_1}r_0 - \frac{1}{2}c_o + \frac{1}{2r_1}\theta q - \frac{1}{2}c_i\right)$$
$$+ \left(\frac{1}{2}\varepsilon_i\delta l - \frac{1}{2}\varepsilon_o\delta l\right) \times \left(\frac{1}{4}r_0 - \frac{r_1+r_2}{4}c_o - \frac{r_1}{4}c_i\right)$$
$$+ \left(\frac{1}{2}\varepsilon_i\delta l \times \frac{r_1}{4}\varepsilon_i\delta l - \frac{1}{2}\varepsilon_o\delta l \times \frac{r_1+r_2}{4}\varepsilon_o\delta l\right)$$
$$+ \left(\frac{r_1r_2}{4(r_1+r_2)}\varepsilon_i\delta l + \frac{r_2}{4}\varepsilon_o\delta l\right) \times \left(-\frac{1}{2}c_i + \frac{1}{2r_1}r_0 + \frac{r_1+r_2}{2r_1r_2}\theta q\right)$$
$$+ \frac{1}{2}\varepsilon_i\delta l \times \left(\frac{r_2}{4(r_1+r_2)}r_0 + \frac{1}{2}\theta q - \frac{r_1r_2}{4(r_1+r_2)}c_i + \frac{r_2}{4}c_o\right)$$

$$+\frac{1}{2}\varepsilon_i\delta l\times\frac{r_1r_2}{4(r_1+r_2)}\varepsilon_i\delta l>0 \tag{5.86}$$

$$\pi_{oi}-\pi_{ci}=\left(\frac{r_1+r_2}{4}\varepsilon_o\delta l-\frac{1}{4}\varepsilon_c\delta l\right)\times\left(\frac{1}{2r_1}r_0-\frac{1}{2}c_o+\frac{1}{2r_1}\theta q-\frac{1}{2}c_i\right)$$

$$+\left(\frac{1}{2}\varepsilon_o\delta l+\frac{r_2}{2r_1(r_1+r_2)}\varepsilon_c\delta l\right)\times\left(\frac{1}{4}r_0-\frac{r_1+r_2}{4}c_o-\frac{r_1}{4}c_i\right)$$

$$+\left(\frac{1}{2}\varepsilon_o\delta l\times\frac{r_1+r_2}{4}\varepsilon_o\delta l+\frac{r_2}{2r_1(r_1+r_2)}\varepsilon_c\delta l\times\frac{1}{4}\varepsilon_c\delta l\right)$$

$$+\left(-\frac{r_2}{4}\varepsilon_o\delta l-\frac{4(2r_1+3r_2)}{4(r_1+r_2)}\varepsilon_c\delta l\right)\times\left(-\frac{1}{2}c_i+\frac{1}{2r_1}r_0+\frac{r_1+r_2}{2r_1r_2}\theta q\right)$$

$$+\frac{r_1+r_2}{2r_1r_2}\varepsilon_c\delta l\times\left(\frac{r_2}{4(r_1+r_2)}r_0+\frac{1}{2}\theta q-\frac{r_1r_2}{4(r_1+r_2)}c_i+\frac{r_2}{4}c_o\right)$$

$$+\frac{4(2r_1+3r_2)}{4(r_1+r_2)}\varepsilon_c\delta l\times\frac{r_1+r_2}{2r_1r_2}\varepsilon_c\delta l>0 \tag{5.87}$$

投资商收益的大小受 ε_c、ε_i、ε_o、δl、r_0、r_1、r_2、c_o、c_i、θq 等参数大小的影响。

当 ε_c、ε_i、ε_o 小于 r_0、r_1、r_2 等参数的影响时，即 $I>O>C>E$。

当 ε_c、ε_i、ε_o 大于 r_0、r_1、r_2 等参数的影响时，具体视 ε_c、ε_i、ε_o、δl、r_0、r_1、r_2、c_o、c_i、θq 的具体值而定。

设备供应商收益指标 π_e，因为 $\frac{1}{2}\varepsilon_e\delta l$、$\frac{h_1}{2}\varepsilon_e\delta l$ 参数值均大于 0，所以可得 $\pi_{ee}>\pi_{ce}=\pi_{ie}=\pi_{oe}$，即 $E>C=I=O$。

运营商收益指标 π_o：

$$\pi_{oo}-\pi_{io}=\left(\frac{1}{4}\varepsilon_o\delta l-\frac{r_1}{4(r_1+r_2)}\varepsilon_i\delta l\right)\left(\frac{1}{4}r_0-\frac{r_1+r_2}{4}c_o-\frac{r_1}{4}c_i\right)$$

$$+\left(\frac{r_1+r_2}{4}\varepsilon_o\delta l-\frac{r_1}{4}\varepsilon_i\delta l\right)\times\left(\frac{1}{4(r_1+r_2)}r_0-\frac{1}{4}c_o-\frac{r_1}{4(r_1+r_2)}c_i\right)$$

$$+\left(\frac{1}{4}\varepsilon_o\delta l\times\frac{r_1+r_2}{4}\varepsilon_o\delta l-\frac{r_1}{4(r_1+r_2)}\varepsilon_i\delta l\times\frac{r_1}{4}\varepsilon_i\delta l\right)>0 \tag{5.88}$$

$$\pi_{io}-\pi_{co}=\left(\frac{r_1}{4(r_1+r_2)}\varepsilon_i\delta l-\frac{1}{4(r_1+r_2)}\varepsilon_c\delta l\right)\left(\frac{1}{4}r_0-\frac{r_1+r_2}{4}c_o-\frac{r_1}{4}c_i\right)$$

$$+ \left(\frac{r_1}{4} \varepsilon_i \delta l - \frac{1}{4} \varepsilon_c \delta l \right) \times \left(\frac{1}{4(r_1 + r_2)} r_0 - \frac{1}{4} c_0 - \frac{r_1}{4(r_1 + r_2)} c_i \right)$$

$$+ \left(\frac{r_1}{4(r_1 + r_2)} \varepsilon_i \delta l \times \frac{r_1}{4} \varepsilon_i \delta l - \frac{1}{4(r_1 + r_2)} \varepsilon_c \delta l \times \frac{1}{4} \varepsilon_c \delta l \right) > 0$$

$$(5.89)$$

运营商收益的大小受 ε_c、ε_i、ε_0、δl、r_0、r_1、r_2、c_0、c_i、θq 等参数大小的影响。

当 ε_c、ε_i、ε_0 小于 r_0、r_1、r_2 等参数的影响时，即 $O > I > C > E$。

当 ε_c、ε_i、ε_0 大于 r_0、r_1、r_2 等参数的影响时，具体视 ε_c、ε_i、ε_0、δl、r_0、r_1、r_2、c_0、c_i、θq 的具体值而定。

结论：微电网产业链运转中各参与方的利润分配与微电网的补贴额度 δl、补贴对投资成本影响系数 ε_i、补贴对运营成本影响系数 ε_0、补贴对用户需求影响系数 ε_c、微电网价格需求弹性系数 r_1、价格替代弹性系数 r_2、微电网的质量系数 θ 均显著相关。不同补贴对象下收益的具体值和大小关系由 δl、ε_i、ε_0、ε_c、r_1、r_2、θ 等参数的具体值而定。

当补贴的影响小于价格的影响时，对于投资商的收益而言，补贴给投资商的利润大于补贴给其他方时的利润。这主要是因为补贴给投资商时，降低了投资商的成本和风险，从而增加了投资商的收益。对于设备供应商的收益而言，补贴给设备供应商时最高，补贴给其他方时较低。这主要是因为补贴给设备供应商时降低了设备供应商的研发和技术成本，从而有利于增加设备供应商的收益。对于运营商的收益而言，补贴给运营商时最高，补贴给其他方时较低。这主要是因为补贴给运营商时降低了运营商的成本，从而增加了运营商的收益。综上所述，当补贴的影响小于价格的影响时，可以看出不同补贴对象对微电网产业链的利润分配有重要影响。当补贴的影响大于价格的影响时，各方的收益视具体情况而定，补贴将会对微电网产业链中各方的收益产生更加显著的影响。

5.5　数值分析

5.5.1　算例介绍

本章通过数值分析来进一步探讨"双碳"目标下微电网产业链的补贴和微电网价值补偿问题。假设微电网市场中有五个参与方，分别为政府、设备供应商、投资商、运营商和用户。由于微电网对利用可再生能源、电力市场改革、能源结构调整和碳达峰、碳中和都具有重要意义，在微电网发展初期，为了鼓励微电网的发展，政府通过财政补贴的方式促进了各方参与微电网的开发。

基于微电网行业的特征，以及相关的假设和经济学理论，本书假设：微电网市场的总体需求、价格弹性、价差弹性和质量需求弹性分别为 $r_0 = 200$，$r_1 = 2$，$r_2 = 3$，$\theta = 6$。微电网补贴系数、最高补贴额度和各影响系数分别为 $\delta = 0.2$，$l = 100$，$\varepsilon_i = 2.4$，$\varepsilon_e = 0.4$，$\varepsilon_o = 2.2$，$\varepsilon_c = 2$。投资商、运营商和设备供应商的成本分别为 $c_i = 40$，$c_o = 10$，$c_e = 10$。投资商对设备供应商的总需求、价格弹性和质量需求弹性分别为 $h_0 = 40$，$h_1 = 2$，$h_2 = 4$。设备公司的技术水平、技术系数和技术成本弹性系数分别为 $t = 1$，$\rho = 5$，$k = 2$。

接下来，本书通过 Matlab 计算了各补贴模型下市场均衡时的价格和收益情况（如表 5.1 所示），进一步分析了各补贴模型下微电网产业链的运转效率以及技术水平和补贴的变化对各参与方收益的影响。

表 5.1　　　　　　　不同补贴对象下的微电网产业指标

指标	补贴给投资商（模型 I）	补贴给设备供应商（模型 E）	补贴给运营商（模型 O）	补贴给用户（Model C）
P_o	66.80	86.00	75.00	82.00
P_1	48.50	72.50	94.50	66.50
P_2	58.50	82.50	82.50	65.83

指标	补贴给投资商 （模型 I）	补贴给设备供应商 （模型 E）	补贴给运营商 （模型 O）	补贴给用户 （Model C）
P_e	20.00	16.00	20.00	20.00
π_o	344.45	61.25	1051.30	151.25
π_i	5117.60	2162.00	4070.00	4061.70
π_e	200.00	392.00	200.00	200.00

5.5.2　结果分析

5.5.2.1　不同补贴对象下微电网产业链的运转效率

由于微电网不同发展阶段的主要问题和矛盾不同，因此，政府采取的补贴措施也不同。通过对不同补贴对象的选取，有利于实现政府的目标和微电网产业链运转的效率。为了进一步分析不同补贴对象对微电网产业链的影响，我们利用表 5.1 中的数据分析不同补贴对象下微电网产业链的运转效率或情况。当政府补贴给投资商时，投资商的直售电价格为 0.585 元/千瓦时，在 4 个模型中最低；批发价格为 0.485 元/千瓦时，在 4 个模型中也是最低进而导致运营商的售电价格 0.668 元/千瓦时，在 4 个模型中最低，从而使投资商的收益 51.18 亿元，在 4 个模型中最高。这主要是因为政府补贴给投资商时，降低了投资商的成本，增加了投资商的收入，从而提高了投资商的利润。当政府补贴给设备供应商时，设备供应商的价格为 0.16 元/千瓦时，在 4 个模型中最低；设备供应商的收益为 3.92 亿元，在 4 个模型中最高，投资商的售电价格、运营商的售电价格最高，投资商的收益为 21.62 亿元、运营商的收益 0.61 亿元，在 4 个模型中最低。这主要可能是，补贴给设备供应商时，尽管降低了设备供应商的成本、增加了设备供应商的收益，但设备供应商的收益对整个微电网产业链运转的收益而言，影响较小，导致其他参与方和微电网产业链得到补贴带来的好处较少。当政府补贴给运营商时，此时投资商的直接售电价格为 0.825 元/千瓦时，在 4 个模型中最高、批发价格 0.945 元/千瓦时，在 4 个模型中最高，设备供应商的价格为 0.20 元/千瓦时，在 4 个模型中最高，运营商的价格为 0.75 元/千瓦时较高，运营商的收益为 10.51 亿元，在 4 个模型中最高，设备供应商和投资商的收益为 2 亿元、40.70 亿元也处于较高的位置。这主要是由于此时补贴降低了运营商的成本，有利于适当降低运营商的售电价格，增加了用户的需求以及对投资商的需求，从而导致运营商的收益增加。当政府补贴给用户时，增加了用户需求，微电网投资商的售电价格为 0.658 元/千瓦时相对较低，从而增加了对微电网投资商和设备供应商的需求。综上所述，当微电网市场出现不同的特征时，政府可通过调整补贴对象和补贴方式来影响微电网市场，进而合理健康地促进微电网的发展。

5.5.2.2　微电网技术变化对各参与方收益的影响

微电网属于技术密集型产业，微电网不同发展阶段的技术水平呈现显著的不同。微电网系统的技术水平不仅影响微电网建设的质量和微电网的用户需求，而且也影响微电网产业链中各方参与微电网开发的积极性和收益。因此，微电网的技术水平对微电网系统具有重要影响。为了进一步分析技术对微电网产业链的影响，绘制图 5.2、图 5.3、图 5.4 分析技术变化对微电网各参与方收益的影响。由图 5.2 可以看出，当技术水平从 1 变到 3 时，随着技术水平的提升，不同补贴对象下微电网投资商的收益均逐渐上升。补贴给用户时投资商的收益上升得最快。这可能是随着投资商建设微电网的技术水平提升，微电网可更好地保障供电的安全性、可靠性和满足用户需求的程度，增加了用户的需求，从而使微电网投资商的收益呈不断上升的趋势。由图 5.3 可以看出，当技术水平从 1 变到 3 时，随着技术水平的提升，各补贴模型下运营商的收益不变，运营商的收益不受技术变化的影响。这主要是因为，运营商主要是微电网产业链的中间环节，作为微电网的运营维护方，有固定的收益，受微电网技术变化影响较小。由图 5.4 可看出，当技术水平从 1 变到 3 时，随着技术水平的提升，设备供应商的收益也在增加。补贴给投资

商、运营商和用户时设备供应商的收益相等。同时补贴给投资商、运营商和
用户时设备供应商的收益小于补贴给设备供应商时的收益，且前者也小于后
者的增长速度。这主要是由于，补贴给其他参与方时对设备供应商产生的间

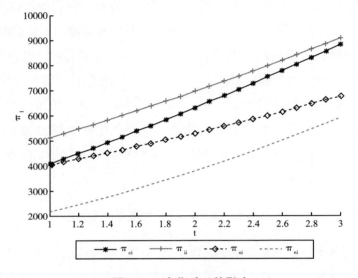

图 5.2　t 变化对 π_i 的影响

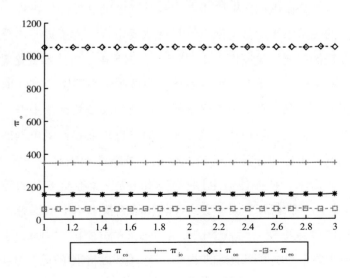

图 5.3　t 变化对 π_o 的影响

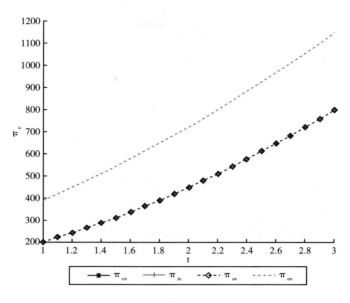

图 5.4　t 变化对 π_e 的影响

接影响小于直接补贴给设备供应商带来的影响。综上所述，微电网系统技术水平的提升，有利于提升微电网系统的建设质量以及对用户需求的满足，进而提升微电网各方的收益，有利于提高各方参与的积极性和推动微电网的发展。同时，随着各参与方收入水平的提升，微电网各参与方能很好地平衡自己的成本和收益，进而对补贴的需求就不太强烈，当微电网技术水平发展成熟的时候，可逐渐取消对微电网的补贴。

5.5.2.3　补贴的变化对各参与方收益的影响

不仅补贴的对象对微电网运转效率产生影响，补贴额度和方式的变化也会对微电网产业链产生重要影响。为此，绘制图 5.5、图 5.6、图 5.7 分析补贴变化对微电网各参与方收益的影响。由图 5.5 可看出，当补贴额度从 0.2元/千瓦时变化到 0.40 元/千瓦时时，随着补贴额度的增加，补贴给用户、设备供应商时投资商的收益减少，补贴给投资商、运营商时投资商的收益增加。这主要是因为，投资商的收益受投资商和运营商的影响较大，受用户和设备供应商的影响较小。由图 5.6 可看出，当补贴额度从 0.20 元/千瓦时变化到 0.40 元/千瓦时时，随着补贴额度的增加，补贴给运营商、用户、投资商时运营商的收益均增加，且运营商收益的增加幅度在补贴给运营商时大于补贴给投资商再大于补贴给用户。补贴给设备供应商时运营商的收益不变。这主要是因为，运营商的收益受运营商和投资商的影响较大，受用户的影响较小。由图 5.7 可看出，当补贴额度从 0.20 元/千瓦时变化到 0.40 元/千瓦时时，随着补贴额度的增加，补贴给用户、投资商、运营商时设备供应商的收益相等且不变，补贴给设备供应商时设备供应商的收益增加。综上所述，可看出补贴额度并不是越高越好，存在最优边界。例如，实际中通过限额补贴、限价补贴以及逐渐取消补贴的方式，既促进微电网发展也促进补贴额度的调整，进而促进微电网的市场化运作和发展。

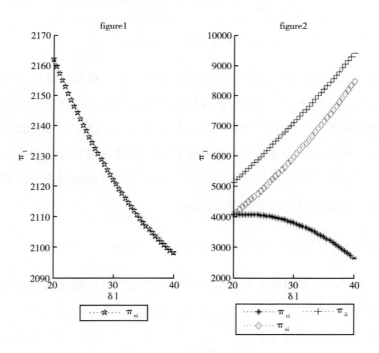

图 5.5　δl 变化对 π_i 的影响

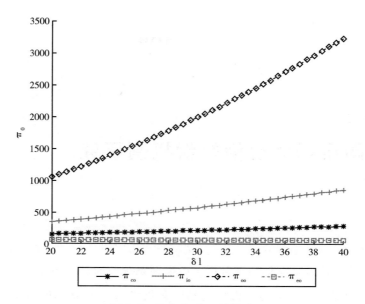

图 5.6　δl 变化对 π_o 的影响

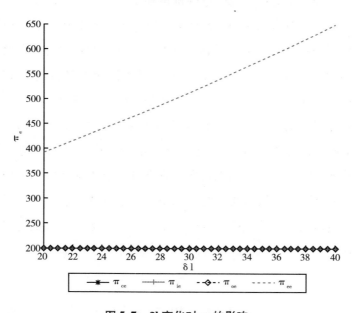

图 5.7　δl 变化对 π_e 的影响

第 6 章

微电网市场化价值补偿机制研究

第 5 章从产业效率的角度分析了微电网系统政府补偿机制对微电网价值补偿产生的影响，本章将从市场交易的角度考察其对微电网价值补偿的影响。通过市场交易机制来实现微电网价值补偿既是对微电网现有政府补偿机制的有效补充，也符合未来微电网产业不断发展，产业成熟度、市场化程度提升后的发展趋势。2017 年，我国试行可再生能源绿色电力证书核发及自愿认购交易制度，2019 年，实行可再生能源电力消纳保障机制，2022 年发布了促进绿色消费实施方案，进一步促进清洁、低碳、安全、高效的能源生产和消费体系建设，助力"双碳"目标顺利实现。在此背景下，深入研究可再生能源配额制及绿证制度对微电网价值补偿的影响具有重要的理论和现实意义。本章将通过建立三阶段动态博弈，研究可再生能源配额和绿证交易价格对电力企业利润、电量及可再生能源利用技术水平的影响，以及不同的可再生能源利用技术投资决策对电力企业的影响，从而深化了对微电网价值补偿问题的认识。

6.1 "双碳"目标下微电网市场化价值补偿问题背景

目前我国可再生能源发电补贴缺口较大，随着国内可再生能源补贴缺口日益增大，可再生能源补贴兑现越发困难。补贴资金不能及时兑现，一方面使相关企业经营陷入困境；另一方面也会动摇市场对可再生能源行业发展的信心。可再生能源补贴资金入不敷出的原因之一在于补贴资金的来源单一。依据《可再生能源法》，我国自 2006 年开始征收的可再生能源电价附加收入是补贴资金的主要来源。虽然国家发改委不断上调征收标准，已经由 2006 年的 0.2 分/千瓦时调整至目前的 1.9 分/千瓦时，仍难以匹配可再生能源行业发展规模与速度。为此，鉴于财政压力加大和推进可再生能源产业市场化发展的初衷，我国在《可再生能源"十一五"规划》中已提出要实施可再生能源配额制和可再生能源电力证书制。2017 年 1 月，为促进清洁能源消纳利用，进一步完善风电、光伏发电的补贴机制，国家发展改革委等部门联合下发了《关于试行可再生能源绿色电力证书核发及自愿认购交易制度的通知》，该通知对可再生能源绿色电力证书的核发、自愿认购规则等做了规定。可再生能源配额制及绿色证书制度拓展了微电网收益来源渠道，有利于促使微电网从被动等待补贴向积极参与绿证市场交易的角色转变。2019 年 5 月，国家发展改革委、国家能源局发布了《关于建立健全可再生能源电力消纳保障机制的通知》，该通知明确了可再生能源电力消纳责任主体、权重、消纳量核算方式、消纳量监测核算和交易等可再生能源电力消纳中的关键问题，有利于形成可再生能源电力生产和消费的长效发展机制。2020 年 2 月 3 日，国家发展改革委、财政部、国家能源局联合印发《关于促进非水可再生能源发电健康发展的若干意见》，意见明确提出，自 2021 年 1 月 1 日起全面推行绿色电力证书交易。

然而，在我国未强制实行可再生能源配额制的情况下，绿色电力证书自愿认购的效果并不理想。根据绿证认购平台的统计数据，以光伏行业为例，截至 2021 年 10 月 11 日，全国各省光伏绿证的核发量最高的黑龙江省达到 1263146 张，最低的陕西省也有 4087 张。光伏绿证的累计挂牌量仍旧以黑龙江省最多，达到 299658 张，浙江、广西等省区均达 4000 张以上。虽然核发量和挂牌量很大，但交易量却不尽如人意，截至 2021 年 10 月 11 日，交易量最高的广西只有 3668 张，全国累计绿证交易量也仅有 86867 张。核发量和挂牌量均排第一位的黑龙江省交易量仅有 256 张，交易率只有 0.085% （中国电力网，2021）。目前绿证成交量低可能的原因在于，一是在交易规则还不完善的情况下，收益预期不确定性大，绿证卖方和买方还处于观望阶段；二是绿证卖方和买方在进行利益权衡，例如，当前政策规定绿证交易价格不高于证书对应电量的可再生能源电价附加资金补贴金额，绿电企业出售可再生能源绿色电力证书后，相应的电量不再享受国家补贴，作为绿证卖方就会在获得政府补贴和绿电收益中进行权衡。因此，伴随"双碳"目标的提出，企业将面临严格的碳排放限额，当国家强制实施可再生能源配额制，出台具体可行的政策规划、实施方法及监管措施，绿证买卖双方收益预期不确定性降低后，绿证交易机制会逐步建立起来。

目前学术界对可再生能源配额制和绿色证书制度开展了广泛的研究。塔马斯和什雷斯塔等（Tamás and Shrestha et al.，2010）在完全竞争市场和不完全竞争市场下对英国实施的可再生能源配额制和上网电价补贴制度进行了实施效果对比分析，研究发现，两种制度在完全竞争市场下作用相同，在不完全竞争市场下可再生能源配额制的效果优于上网电价补贴制度。孙和聂（Sun and Nie，2015）建立了两阶段寡头博弈模型比较可再生能源配额制度和上网电价制度的效果，研究发现，在增加可再生能源（装机容量）数量和刺激研发投入以降低成本方面，上网电价制度比可再生能源配额制更有效，而可再生能源配额制在减少碳排放和改善消费者剩余方面更有效，但两种政策对社会福利的影响在很大程度上取决于负外部性水平。有学者（Ritzen-hofen）利用动态长期投资分析模型分析了可再生能源支持计划，分析发现，可再生能源组合标准、上网电价和市场溢价三个方案均有利于降低可再生能源的利用成本，提高可再生能源的采用和降低二氧化碳的排放。左、赵和张（Zuo，Zhao and Zhang，2018）利用演化博弈分析了可再生能源配额、绿色证书、补贴和罚款之间的关系，研究发现，降低补贴和更高的罚款有利于促进绿色证书和可再生能源配额的实施。蒋轶澄等（2020）研究了可再生配额制的实践经验和研究进展，发现中国应分阶段地推进 RPS 机制的实施，可考虑采用 FIT – RPS 并行的双轨制，按发电企业类型和可再生能源种类差别性实施 FIT 或 RPS 机制，同时注意惩罚措施、碳排放交易等相应配套措施的建设。王辉等（2020）研究发现，实施可再生能源配额制及其配套的绿色证书交易制度能够有效地促进可再生能源电力的消纳，减轻政府的补贴负担。

分析发现，以上研究主要从上网电价补贴和可再生能源配额制与绿证制度的比较中分析两类政策的实施效果，考察了两类政策对可再生能源的利用、碳排放及社会福利等的影响，而没有关注可再生能源配额制和绿证制度对微电网价值补偿的问题。因此，本章将从市场效率的角度分析可再生能源配额制及绿证制度对微电网项目资源价值的补偿机理。

6.2　模型变量和参数解释

本书所使用的变量和参数定义如下。

a 为电力市场规模；

Q 为市场总需求电量；

P 为单位电量电价；

q_m 为微电网提供可再生能源电量；

q_g 为电网公司提供传统能源为主的电量；

x_m 为微电网可再生能源利用技术水平；

x_g 为电网公司可再生能源利用技术水平；

c_m 为微电网单位电量生产成本；

c_g 为电网公司单位电量生产成本；

c_1 为微电网单位电量固定生产成本；

c_2 为电网公司单位电量固定生产成本；

w_m 为微电网已消纳的可再生能源电量；

w_g 为电网公司已消纳的可再生能源电量；

r_m 为微电网需要购买的可再生能源配额；

r_g 为电网公司需要购买的可再生能源配额；

p^e 为绿证交易价格；

π_m 为微电网利润；

π_g 为电网公司利润；

E_m 为微电网未完成配额产生的环境损失；

E_g 为电网公司未完成配额产生的环境损失；

CS 为用户剩余；

SW 为社会收益；

k 为可再生能源利用技术投资成本弹性系数；

δ 为技术溢出系数；

θ 为政府分配的可再生能源消纳系数；

ρ 为环境损失系数。

6.3 问题描述与模型假设

6.3.1 问题描述

为缓解可再生能源补贴资金压力和促进可再生能源消纳，政府实施可再生能源配额制和绿色证书交易制度，该制度的实施为微电网项目资源价值补偿提供了市场化的途径。为促进可再生能源利用，政府对微电网、电网公司等电力企业强制分配可再生能源配额 θ，配额制的实施为电力企业交易绿色证书提供了动力，绿色证书又为电力企业绿色电力交易提供了现实载体，让绿色电力交易市场的形成成为可能。θq_i 为电力企业必须消纳的可再生能源电量，电网公司提供以燃煤为主的电力，在不能完成政府规定的可再生能源配额时，需要向绿色证书市场购买绿色证书以完成政府规定的配额。而对于微电网来说，由于其提供的电力主要是以风能、太阳能等电源为主，微电网通常在完成自身的可再生能源配额之外，可以将超额完成的部分以绿色证书的方式在绿证市场进行出售，以此获得绿色证书收益，从而弥补政府不能及时兑现的可再生能源补贴收益，缓解企业运营压力。同时微电网生产绿色电力为环境带来的正外部性也通过市场化方式得到了补偿，进而使微电网项目资源价值得以体现。

在政府实施可再生能源配额制和绿色证书交易制度过程中，可再生能源配额及绿证价格对电力企业利润、电量及可再生能源利用技术水平影响如何？不同的可再生能源利用技术创新投资决策对电力企业的影响如何？为回答以上问题，我们构建了以下模型。

6.3.2　模型假设

假设电力市场有寡头竞争主体，微电网和电网公司，共同为市场提供同质电力产品。微电网主要提供可再生能源电力，电网公司主要提供燃煤等传统能源电力。假设政府对企业强制实施可再生能源配额制度，如企业未完成可再生能源配额将会依规受到惩罚。设电力市场的反需求函数为：

$$P(Q) = a - Q \qquad (Q = q_m + q_g, a > 0, a > q_m + q_g 且 q_m > 0, q_g > 0) \qquad (6.1)$$

其中，a 为电力市场规模；q_m、q_g 分别为微电网和电网公司电量；Q 为电力市场总电量。

假定电力企业通过投资研发可再生能源利用技术，提高可再生能源电力生产和消纳水平，研发过程存在技术溢出效应。借鉴大多数学者关于创新成本的函数（D'Aspremont C and Jacquemin，1988；宋之杰等，2012），电力企业的可再生能源利用技术创新投资成本为：

$$\frac{k}{2} x_i^2 \qquad (6.2)$$

其中，$k(k > 0)$ 为可再生能源利用技术创新投资成本弹性系数，k 越大表明研发难度越大，可再生能源利用技术创新投资成本越大。$x_i(i = m，g)$ 分别表示微电网和电网公司的可再生能源利用技术创新水平。

在电力生产过程中，企业通过自身技术研发和获得竞争企业的技术溢出以降低生产成本。参考学者们（Kamien and Zang，2000）的研究，得出微电网和电网公司的单位电量生产成本为：

$$c_m = c_1 - x_m - \delta x_g \tag{6.3}$$

$$c_g = c_2 - x_g - \delta x_m \tag{6.4}$$

其中，c_1、c_2 分别表示微电网和电网公司单位电量固定生产成本；δ 为技术溢出系数（$0 < \delta < 1$）。

微电网和电网公司通过技术创新增加了自身可再生能源利用水平，提高了完成可再生能源配额的效率，减少了未完成可再生能源配额，从而节约了配额购买成本。可得，需要交易的可再生能源配额为：

$$r_i = w_i - \theta q_i, r_i \qquad (i = m, g) \tag{6.5}$$

其中，θ 为政府分配的可再生能源消纳系数（$0 < \theta < 1$）；θq_i 为政府分配给企业的可再生能源配额；w_i 为电力企业已提供（消纳）的可再生能源电量。同时，假定在绿证交易市场买方卖方的交易是单一的，即不存在既购买证书又销售证书的电力企业。假定微电网主要提供可再生能源电力，因此，在完成国家的强制可再生能源配额之后，可以将超额完成部分在绿证市场进行交易，即 $w_i - \theta q_i > 0$。而电网公司因主要提供传统能源电力，不能完成国家强制可再生能源配额，需要在绿证市场购买绿证，即 $w_i - \theta q_i < 0$。目前可再生能源配额制的实施有两种方式：一种是电力市场和绿证市场分离制，即绿电厂商生产的绿电可以在电力市场销售，其绿电对应的绿证可以在绿证市场销售；另一种是欧美国家推行的电力市场和绿证市场捆绑制，即出售绿证的同时，也出售绿电。我国还处于可再生能源配额制实施初期，还处于政策的探索阶段，考虑在电力市场与绿证市场分开的情境下，讨论可再生能源配额制和绿证制度对微电网价值补偿的影响。

与可再生能源发电相比，传统能源发电会增加污染物排放，因此，如企业不能履约完成可再生能源配额，就会对环境带来损失，设环境损失函数为：

$$E_i = \rho r_i = \rho (q_i - w_i) \tag{6.6}$$

其中，$\rho(\rho>0)$ 为环境损失系数，表示电力企业非可再生能源发电排放的污染物对环境破坏的程度。

设绿证交易价格 p^e 是外生变量，由市场决定，电力企业的利润为：

$$\pi_i(q_i,x_i) = Pq_i - c_iq_i - \frac{k}{2}x_i^2 + p^e(w_i - \theta q_i) \tag{6.7}$$

用户剩余表示为：

$$CS = \int_0^Q P(Q)dQ - P(Q)Q = aQ - \frac{1}{2}Q^2 - P(Q)Q \tag{6.8}$$

政府追求社会收益最大化（SW），社会收益包括用户剩余、企业利润和社会环境损失，即：

$$\begin{aligned} SW &= CS + \pi_m + \pi_g - E_m - E_g \\ &= aQ - \frac{1}{2}Q^2 - c_mq_m - c_gq_g - \frac{k}{2}(x_m^2 + x_g^2) - \rho(r_m + r_g) \end{aligned} \tag{6.9}$$

式（6.7）和式（6.9）代表政府实施可再生能源配额制及绿证交易制度下的电力企业利润和政府社会收益。其中，本书假定微电网供给的绿证完全由电网公司购买，所以两者在绿证市场上的收入和支出刚好抵消。模型刻画了电力企业以独立或者联合两种方式进行可再生能源利用技术创新投资时，可再生能源配额、绿证交易价格和可再生能源利用技术创新水平对电力企业利润和政府社会收益的影响，其中，企业可以通过选择均衡的可再生能源利用技术创新水平和电量水平实现自身收益最大化，而政府则通过确定均衡可再生能源配额使社会收益最大化。

6.4　模型求解与结果分析

6.4.1　模型求解

本书的博弈属于三阶段动态博弈，在给定政府可再生能源配额的前提下，分析微电网获得的价值补偿及电力企业最优的可再生能源利用技术创新投资策略。第一阶段，在我国政府承诺的可再生能源利用率目标约束下，政府从社会收益最大化的角度确定均衡可再生能源配额；第二阶段，电力企业确定均衡的可再生能源利用技术创新投资水平；第三阶段，电力企业选择均衡的电量水平。通过逆向归纳法求解上述的三阶段博弈模型。

6.4.1.1 均衡电量决策

本书两家电力企业就市场电量消费进行寡头竞争，电力企业的均衡电量由利润最大化的一阶条件求得：

$$\max\pi_i(q_i, x_i) = Pq_i - c_iq_i - \frac{k}{2}x_i^2 + p^e(w_i - \theta q_i) \tag{6.10}$$

由 $\dfrac{\partial \pi_i}{\partial q_i} = 0$，（$i = m$，$g$）可得：

$$q_m = \frac{1}{2}(a - q_g - c_1 + x_m + \delta x_g - p^e\theta) \tag{6.11}$$

$$q_g = \frac{1}{2}(a - q_m - c_2 + x_g + \delta x_m - p^e\theta) \tag{6.12}$$

联立式（6.11）和式（6.12）求解得：

$$q_m^* = \frac{1}{3}\left[a - 2c_1 + c_2 - p^e\theta + (2 - \delta)x_m + (2\delta - 1)x_g\right] \tag{6.13}$$

$$q_g^* = \frac{1}{3}\left[a - 2c_2 + c_1 - p^e\theta + (2 - \delta)x_g + (2\delta - 1)x_m\right] \tag{6.14}$$

由于 $Q = q_m^* + q_g^*$，可得：

$$Q = \frac{1}{3}\left[2a - c_2 - c_1 - 2p^e\theta + (1 + \delta)(x_g + x_m)\right] \tag{6.15}$$

将式（6.13）和式（6.14）代入式（6.10）可得微电网和电网公司的利润分别为：

$$\pi_m^* = (a - q_m^* - q_g^*) q_m^* - c_m q_m^* - \frac{k}{2} x_m^2 + p^e(w_m - \theta q_m^*)$$

$$= (q_m^*)^2 - \frac{k}{2} x_m^2 + p^e w_m \qquad\qquad (6.16)$$

$$\pi_g^* = (a - q_m^* - q_g^*) q_g^* - c_g q_g^* - \frac{k}{2} x_g^2 + p^e(w_g - \theta q_g^*)$$

$$= (q_g^*)^2 - \frac{k}{2} x_g^2 + p^e w_g \qquad\qquad (6.17)$$

命题 1　随着政府可再生能源配额的增加，电力企业利润会降低。

证明：在式（6.16）和式（6.17）中求关于 θ 的一阶导数，可得：

$$\frac{\partial \pi_m^*}{\partial \theta} = -\frac{2}{3} p^e q_m^* < 0$$

$$\frac{\partial \pi_g^*}{\partial \theta} = -\frac{2}{3} p^e q_g^* < 0$$

得证。

该结论表明，当政府提高可再生能源配额时，由于电网公司提供的电量主要是燃煤等非可再生能源为发电源，当不能完成规定的可再生能源配额时，需要向绿证市场购买可再生能源电量，因而会增加支出成本，降低电网公司收益。同理，对微电网而言，微电网需要完成自己的可再生能源配额后，才能将超额完成部分在绿证市场进行交易，因此，可再生能源配额增加会增加微电网完成配额的成本，且减少微电网在绿证市场交易的可再生能源电量收益。因此，可再生能源配额不是越高越好，存在一个最优边界，使电力企业收益最大化。

6.4.1.2　均衡可再生能源利用技术投资决策

（1）独立技术创新投资。这一阶段，当两家电力企业选择可再生能源利用技术独立投资时，电力企业最优可再生能源利用技术创新投入需要满足各自企业利润最大化，通过对式（6.16）和式（6.17）求一阶导数。

由 $\dfrac{\partial \pi_m^*}{\partial x_m} = \dfrac{\partial \pi_g^*}{\partial x_g} = 0$ 可得:

$$2q_m^* \left(\frac{\partial q_m^*}{\partial x_m} \right) = kx_m, \quad 2q_g^* \left(\frac{\partial q_g^*}{\partial x_g} \right) = kx_g \tag{6.18}$$

将式 (6.13) 和式 (6.14) 分别代入式 (6.18) 可得:

$$\frac{2}{3} \left[a - 2c_1 + c_2 - p^e\theta + (2-\delta)x_m + (2\delta-1)x_g \right] \frac{1}{3}(2-\delta) = kx_m \tag{6.19}$$

$$\frac{2}{3} \left[a - 2c_2 + c_1 - p^e\theta + (2-\delta)x_g + (2\delta-1)x_m \right] \frac{1}{3}(2-\delta) = kx_g \tag{6.20}$$

联立求解式 (6.19) 和式 (6.20), 可得电力企业的均衡可再生能源利用技术创新水平, 即:

$$x_m^{s*} = \frac{2(2-\delta)(a-2c_1+c_2-p^e\theta)\left[9k-2(2-\delta)^2\right]}{\left[9k-2(2-\delta)^2\right]^2 - 4(2-\delta)^2(2\delta-1)^2}$$
$$+ \frac{4(2-\delta)^2(2\delta-1)(a-2c_2+c_1-p^e\theta)}{\left[9k-2(2-\delta)^2\right]^2 - 4(2-\delta)^2(2\delta-1)^2} \tag{6.21}$$

$$x_g^{s*} = \frac{2(2-\delta)(a-2c_2+c_1-p^e\theta)\left[9k-2(2-\delta)^2\right]}{\left[9k-2(2-\delta)^2\right]^2 - 4(2-\delta)^2(2\delta-1)^2}$$
$$+ \frac{4(2-\delta)^2(2\delta-1)(a-2c_1+c_2-p^e\theta)}{\left[9k-2(2-\delta)^2\right]^2 - 4(2-\delta)^2(2\delta-1)^2} \tag{6.22}$$

将式 (6.21) 和式 (6.22) 代入式 (6.13) 和式 (6.14), 得出:

$$q_m^{s*} = \frac{3k(a-2c_1+c_2-p^e\theta)\left[9k-2(2-\delta)^2\right]}{\left[9k-2(2-\delta)^2\right]^2 - 4(2-\delta)^2(2\delta-1)^2}$$
$$+ \frac{6k(2-\delta)(2\delta-1)(a-2c_2+c_1-p^e\theta)}{\left[9k-2(2-\delta)^2\right]^2 - 4(2-\delta)^2(2\delta-1)^2} \tag{6.23}$$

$$q_g^{s*} = \frac{3k(a-2c_2+c_1-p^e\theta)\left[9k-2(2-\delta)^2\right]}{\left[9k-2(2-\delta)^2\right]^2 - 4(2-\delta)^2(2\delta-1)^2}$$
$$+ \frac{6k(2-\delta)(2\delta-1)(a-2c_1+c_2-p^e\theta)}{\left[9k-2(2-\delta)^2\right]^2 - 4(2-\delta)^2(2\delta-1)^2} \tag{6.24}$$

$$Q^{s*} = \frac{3k(2a - c_2 - c_1 - 2p^e\theta)\{[9k - 2(2-\delta)^2] + 2(2-\delta)(2\delta - 1)\}}{[9k - 2(2-\delta)^2]^2 - 4(2-\delta)^2(2\delta - 1)^2}$$

$$(6.25)$$

将式（6.23）和式（6.24）代入式（6.16）和式（6.17），得出 π_m^{s*} 和 π_g^{s*}：

$$\pi_m^{s*} = \left[\frac{3k\{(a - 2c_1 + c_2 - p^e\theta)[9k - 2(2-\delta)^2] + 2(2-\delta)(2\delta - 1)(a - 2c_2 + c_1 - p^e\theta)\}}{[9k - 2(2-\delta)^2]^2 - 4(2-\delta)^2(2\delta - 1)^2}\right]^2$$

$$- \frac{k\{2(2-\delta)(a - 2c_1 + c_2 - p^e\theta)[9k - 2(2-\delta)^2] + 4(2-\delta)^2(2\delta - 1)(a - 2c_2 + c_1 - p^e\theta)\}^2}{2\{[9k - 2(2-\delta)^2]^2 - 4(2-\delta)^2(2\delta - 1)^2\}^2} + p^e w_m$$

为方便计算，令 $A = [9k - 2(2-\delta)^2]^2 - 4(2-\delta)^2(2\delta - 1)^2$，$B = a - 2c_1 + c_2 - p^e\theta$，$C = a - 2c_2 + c_1 - p^e\theta$，$D = 9k - 2(2-\delta)^2$，可得微电网的利润为：

$$\pi_m^{s*} = \frac{k[B^2D^2 + 4(2-\delta)(2\delta - 1)BCD + 4(2-\delta)^2(2\delta - 1)^2C^2] + p^e w_m D^4}{A^2}$$

$$- \frac{8p^e w_m(2-\delta)^2(2\delta - 1)^2D^2 - 16p^e w_m(2-\delta)^4(2\delta - 1)^4}{A^2}$$

将 A、B、C、D 代入上式可得微电网和电网公司的利润分别为 π_m^{s*}，π_g^{s*}：

$$\pi_m^{s*} = \frac{k(a - 2c_1 + c_2 - p^e\theta)^2[9k - 2(2-\delta)^2]^2}{\{[9k - 2(2-\delta)^2]^2 - 4(2-\delta)^2(2\delta - 1)^2\}^2}$$

$$+ \frac{4k(2-\delta)(2\delta - 1)(a - 2c_1 + c_2 - p^e\theta)(a - 2c_2 + c_1 - p^e\theta)[9k - 2(2-\delta)^2]^2}{\{[9k - 2(2-\delta)^2]^2 - 4(2-\delta)^2(2\delta - 1)^2\}^2}$$

$$+ \frac{4k(2-\delta)^2(2\delta - 1)^2(a - 2c_2 + c_1 - p^e\theta)^2}{\{[9k - 2(2-\delta)^2]^2 - 4(2-\delta)^2(2\delta - 1)^2\}^2}$$

$$+ \frac{p^e w_m[9k - 2(2-\delta)^2]^4}{\{[9k - 2(2-\delta)^2]^2 - 4(2-\delta)^2(2\delta - 1)^2\}^2}$$

$$-\frac{8p^e w_m (2-\delta)^2 (2\delta-1)^2 [9k-2(2-\delta)^2]^2}{\{[9k-2(2-\delta)^2]^2 - 4(2-\delta)^2 (2\delta-1)^2\}^2}$$

$$+\frac{16p^e w_m (2-\delta)^4 (2\delta-1)^4}{\{[9k-2(2-\delta)^2]^2 - 4(2-\delta)^2 (2\delta-1)^2\}^2} \qquad (6.26)$$

$$\pi_g^{s*} = \frac{k(a-2c_2+c_1-p^e\theta)^2 [9k-2(2-\delta)^2]^2}{\{[9k-2(2-\delta)^2]^2 - 4(2-\delta)^2 (2\delta-1)^2\}^2}$$

$$4k(2-\delta)(2\delta-1)(a-2c_1+c_2-p^e\theta)$$

$$+\frac{(a-2c_2+c_1-p^e\theta)[9k-2(2-\delta)^2]^2}{\{[9k-2(2-\delta)^2]^2 - 4(2-\delta)^2 (2\delta-1)^2\}^2}$$

$$+\frac{4k(2-\delta)^2 (2\delta-1)^2 (a-2c_1+c_2-p^e\theta)^2}{\{[9k-2(2-\delta)^2]^2 - 4(2-\delta)^2 (2\delta-1)^2\}^2}$$

$$+\frac{p^e w_g [9k-2(2-\delta)^2]^4}{\{[9k-2(2-\delta)^2]^2 - 4(2-\delta)^2 (2\delta-1)^2\}^2}$$

$$-\frac{8p^e w_g (2-\delta)^2 (2\delta-1)^2 [9k-2(2-\delta)^2]^2}{\{[9k-2(2-\delta)^2]^2 - 4(2-\delta)^2 (2\delta-1)^2\}^2}$$

$$+\frac{16p^e w_g (2-\delta)^4 (2\delta-1)^4}{\{[9k-2(2-\delta)^2]^2 - 4(2-\delta)^2 (2\delta-1)^2\}^2} \qquad (6.27)$$

（2）联合技术创新投资。设电力企业选择可再生能源利用技术创新联合投资策略，电力企业之间拥有完全信息，不失一般性，技术溢出系数取最大值 $\delta=1$。基于前面的模型，最大化两企业利润之和，$\pi=\pi_m+\pi_g$，由一阶条件可得，电力企业采取可再生能源利用技术创新合作投资策略时的均衡可再生能源利用技术创新水平和电量水平、企业利润分别为：

$$\pi^c = \pi_m^* + \pi_g^* = (q_m^*)^2 - \frac{k}{2}x_m^2 + p^e w_m + (q_g^*)^2 - \frac{k}{2}x_g^2 + p^e w_g \quad (6.28)$$

令 $\dfrac{\partial \pi^c}{\partial x_m}=0$，$\dfrac{\partial \pi^c}{\partial x_g}=0$，得：

$$2q_m^*\left(\frac{\partial q_m^*}{\partial x_m}\right) + 2q_g^*\left(\frac{\partial q_g^*}{\partial x_m}\right) = kx_m, \quad 2q_m^*\left(\frac{\partial q_m^*}{\partial x_g}\right) + 2q_g^*\left(\frac{\partial q_g^*}{\partial x_g}\right) = kx_g \quad (6.29)$$

将式（6.13）和式（6.14）分别代入式（6.29），可得：

$$\frac{2}{9}(a - 2c_1 + c_2 - p^e\theta + x_m + x_g) + \frac{2}{9}(a - 2c_2 + c_1 - p^e\theta + x_g + x_m) = kx_m$$

$$(6.30)$$

$$\frac{2}{9}(a - 2c_1 + c_2 - p^e\theta + x_m + x_g) + \frac{2}{9}(a - 2c_2 + c_1 - p^e\theta + x_g + x_m) = kx_g$$

$$(6.31)$$

联立求解式（6.30）和式（6.31），可得电力企业的均衡可再生能源利用技术创新水平，即：

$$x_m^{c*} = x_g^{c*} = \frac{18k(2a - c_1 - c_2 - 2p^e\theta)}{(9k - 4)^2 - 16} \qquad (6.32)$$

将式（6.32）代入式（6.13）和式（6.14），得出：

$$q_m^{c*} = \frac{(a - 2c_1 + c_2 - p^e\theta)[(9k - 4)^2 - 16] + 36k(2a - c_1 - c_2 - 2p^e\theta)}{3[(9k - 4)^2 - 16]}$$

$$(6.33)$$

$$q_g^{c*} = \frac{(a - 2c_2 + c_1 - p^e\theta)[(9k - 4)^2 - 16] + 36k(2a - c_1 - c_2 - 2p^e\theta)}{3[(9k - 4)^2 - 16]}$$

$$(6.34)$$

$$Q^{c*} = q_m^{c*} + q_g^{c*} = \frac{81k^2(2a - c_1 - c_2 - 2p^e\theta)}{3[(9k - 4)^2 - 16]} \qquad (6.35)$$

$$\pi^{c*} = \frac{[(9k - 4)^2 - 16]^2[(a - 2c_1 + c_2 - p^e\theta)^2 + (a - 2c_2 + c_1 - p^e\theta)^2]}{9[(9k - 4)^2 - 16]^2}$$

$$+ \frac{(2916k^3 - 2592k^2)(2a - c_1 - c_2 - 2p^e\theta)^2}{9[(9k - 4)^2 - 16]^2}$$

$$+ \frac{9[(9k - 4)^2 - 16]^2(p^e w_m + p^e w_g)}{9[(9k - 4)^2 - 16]^2} \qquad (6.36)$$

命题 2　随着电力企业可再生能源利用技术创新水平的提高，电力企业可再生能源利用技术创新投资成本弹性系数会降低。

证明：对式（6.32）求关于 k 的一阶导数，可得：

$$\frac{\partial x_m^{c*}}{\partial k} = \frac{\partial x_g^{c*}}{\partial k} = \frac{-1458k^2(2a - c_1 - c_2 - 2p^e\theta)}{[(9k-4)^2 - 16]^2}$$

当 $\theta > \dfrac{2a - c_1 - c_2}{2p^e}$ 时：

$$\frac{\partial x_m^{c*}}{\partial k} = \frac{\partial x_g^{c*}}{\partial k} = \frac{-1458k^2(2a - c_1 - c_2 - 2p^e\theta)}{[(9k-4)^2 - 16]^2} < 0$$

得证。

该结论表明：通过电力企业可再生能源利用技术创新水平的不断积累，电力企业可再生能源利用技术创新水平会不断提高，电力企业研发成本会降低。

6.4.1.3 均衡可再生能源配额选择策略

（1）独立技术投资。我国承诺实现 2020 年、2030 年非化石能源占一次能源消费比重分别达到 15%、20% 的能源发展战略目标。为兑现承诺，政府通过确定合理的可再生能源配额可以实现社会收益最大化。在电力企业选择可再生能源利用技术独立投资策略下，对式（6.9）求导，可得到社会收益最大化时的均衡可再生能源配额。

将式（6.21）~式（6.24）、式（6.26）~式（6.27）代入式（6.9），得到 SW^{s*}，然后对 SW^{s*} 关于 θ 求导，可得 $\dfrac{\partial SW^{s*}}{\partial \theta} = 0$，得出均衡时的可再生能源配额为：

$$\theta^{s*} = \frac{2a - c_2 - c_1}{2p^e} - \frac{3\rho\{[9k - 2(2-\delta)^2]^2 - 4(2-\delta)^2(2\delta - 1)^2\}}{2p^e[9k - 2(2-\delta)^2 + 2(2-\delta)(2\delta - 1)](1 + 9k)}$$

$$(6.37)$$

将式（6.37）代入式（6.21）~式（6.24）、式（6.26）~式（6.27），为方便计算，令：

$$A = [9k - 2(2-\delta)^2]^2 - 4(2-\delta)^2(2\delta - 1)^2$$

$$B = \frac{(-3c_1 + 3c_2)[9k - 2(2-\delta)^2 + 2(2-\delta)(2\delta-1)](1+9k)}{2[9k - 2(2-\delta)^2 + 2(2-\delta)(2\delta-1)](1+9k)}$$

$$+ \frac{3\rho\{[9k - 2(2-\delta)^2]^2 - 4(2-\delta)^2(2\delta-1)^2\}}{2[9k - 2(2-\delta)^2 + 2(2-\delta)(2\delta-1)](1+9k)}$$

$$C = \frac{(-3c_2 + 3c_1)[9k - 2(2-\delta)^2 + 2(2-\delta)(2\delta-1)](1+9k)}{2[9k - 2(2-\delta)^2 + 2(2-\delta)(2\delta-1)](1+9k)}$$

$$+ \frac{3\rho\{[9k - 2(2-\delta)^2]^2 - 4(2-\delta)^2(2\delta-1)^2\}}{2[9k - 2(2-\delta)^2 + 2(2-\delta)(2\delta-1)](1+9k)}$$

$$D = 9k - 2(2-\delta)^2$$

可得：

$$x_m^{s**} = \frac{2BD(2-\delta) + 4C(2-\delta)^2(2\delta-1)}{A} \tag{6.38}$$

$$x_g^{s**} = \frac{2CD(2-\delta) + 4B(2-\delta)^2(2\delta-1)}{A} \tag{6.39}$$

$$q_m^{s**} = \frac{3k[BD + 2C(2-\delta)(2\delta-1)]}{A} \tag{6.40}$$

$$q_g^{s**} = \frac{3k\{CD + 2B(2-\delta)(2\delta-1)\}}{A} \tag{6.41}$$

$$\pi_m^{s**} = \frac{k[B^2D^2 + 4BCD(2-\delta)(2\delta-1) + 4C^2(2-\delta)^2(2\delta-1)^2]}{A^2}$$

$$+ \frac{p^e w_m D^4 - 8p^e w_m(2-\delta)^2(2\delta-1)^2 D^2 + 16p^e w_m(2-\delta)^4(2\delta-1)^4}{A^2}$$

$$\tag{6.42}$$

$$\pi_g^{s**} = \frac{k[C^2D^2 + 4BCD(2-\delta)(2\delta-1) + 4B^2(2-\delta)^2(2\delta-1)^2]}{A^2}$$

$$+ \frac{p^e w_g D^4 - 8p^e w_g(2-\delta)^2(2\delta-1)^2 D^2 + 16p^e w_g(2-\delta)^4(2\delta-1)^4}{A^2}$$

$$\tag{6.43}$$

（2）联合技术投资。联合技术投资下，对式（6.9）求导，可得到社会收益最大化时的均衡可再生能源配额。

将式 (6.32) ~式 (6.34) 和式 (6.36) 代入式 (6.9)，得到 SW^{c*}，然后对 SW^{c*} 关于 θ 求导，可得均衡时的可再生能源配额为：

$$\theta^{c*} = \frac{2a - c_1 - c_2}{2p^e} - \frac{3\rho(81k - 72)}{4p^e(81k - 36)} \tag{6.44}$$

将式 (6.44) 代入式 (6.32) ~式 (6.34) 和式 (6.36) 得：

$$x_m^{c**} = x_g^{c**} = \frac{3\rho}{p^e(9k - 4)} \tag{6.45}$$

$$q_m^{c**} = \frac{[2(3c_2 - 3c_1)(81k - 36) - 3\rho(81k - 72)][(9k - 4)^2 - 16]}{12(81k - 36)[(9k - 4)^2 - 16]}$$

$$+ \frac{216k\rho(81k - 72)}{12(81k - 36)[(9k - 4)^2 - 16]} \tag{6.46}$$

$$q_g^{c**} = \frac{[2(3c_1 - 3c_2)(81k - 36) - 3\rho(81k - 72)][(9k - 4)^2 - 16]}{12(81k - 36)[(9k - 4)^2 - 16]}$$

$$+ \frac{216k\rho(81k - 72)}{12(81k - 36)[(9k - 4)^2 - 16]} \tag{6.47}$$

$$\pi^{c**} = \frac{[(9k - 4)^2 - 16]^2\{4(81k - 36)^2[(3c_2 - 3c_1)^2 + (3c_1 - 3c_2)^2] + 18\rho^2(81k - 72)^2\}}{144(81k - 36)^2[(9k - 4)^2 - 16]^2}$$

$$+ \frac{9\rho^2(2916k^3 - 2592k^2)(81k - 72)^2}{144(81k - 36)^2[(9k - 4)^2 - 16]^2}$$

$$+ \frac{144(81k - 36)^2[(9k - 4)^2 - 16]^2(p^e w_m + p^e w_g)}{144(81k - 36)^2[(9k - 4)^2 - 16]^2} \tag{6.48}$$

6.4.2 不同情景下的价值补偿效应分析

由于公式的表达式较为复杂，无法进行直接的比较，因此，与多数文献类似 (Bae et al., 2010；Xie et al., 2011)，将在后面使用数值算例来展示不同情形下电力企业的决策，以及对微电网的价值补偿的影响，本节先对不同情境下的微电网价值补偿效应进行分析。

6.4.2.1　电力企业利润

情形 1　未强制实施可再生能源配额制度时，电力企业自主决定可再生能源利用技术创新投资水平。

假定当政府没有强制实施可再生能源配额制度，绿证市场未形成，市场主体交易绿证的动力不足，则 $p^e = 0$，可得电力企业独立技术创新投资时的企业利润。

根据式（6.26）和式（6.27）可得：

$$
\begin{aligned}
\pi_m^{s*} = {} & \frac{k\,(a - 2c_1 + c_2 - p^e\theta)^2[9k - 2(2-\delta)^2]^2}{\{[9k - 2(2-\delta)^2]^2 - 4(2-\delta)^2(2\delta-1)^2\}^2} \\
& 4k(2-\delta)(2\delta-1)(a - 2c_1 + c_2 - p^e\theta) \\
& + \frac{(a - 2c_2 + c_1 - p^e\theta)[9k - 2(2-\delta)^2]^2}{\{[9k - 2(2-\delta)^2]^2 - 4(2-\delta)^2(2\delta-1)^2\}^2} \\
& + \frac{4k(2-\delta)^2(2\delta-1)^2(a - 2c_2 + c_1 - p^e\theta)^2}{\{[9k - 2(2-\delta)^2]^2 - 4(2-\delta)^2(2\delta-1)^2\}^2} \\
& + \frac{p^e w_m[9k - 2(2-\delta)^2]^4}{\{[9k - 2(2-\delta)^2]^2 - 4(2-\delta)^2(2\delta-1)^2\}^2} \\
& - \frac{8p^e w_m(2-\delta)^2(2\delta-1)^2[9k - 2(2-\delta)^2]^2}{\{[9k - 2(2-\delta)^2]^2 - 4(2-\delta)^2(2\delta-1)^2\}^2} \\
& + \frac{16p^e w_m(2-\delta)^4(2\delta-1)^4}{\{[9k - 2(2-\delta)^2]^2 - 4(2-\delta)^2(2\delta-1)^2\}^2}
\end{aligned}
$$

$$
\begin{aligned}
\pi_g^{s*} = {} & \frac{k(a - 2c_2 + c_1 - p^e\theta)^2[9k - 2(2-\delta)^2]^2}{\{[9k - 2(2-\delta)^2]^2 - 4(2-\delta)^2(2\delta-1)^2\}^2} \\
& 4k(2-\delta)(2\delta-1)(a - 2c_1 + c_2 - p^e\theta) \\
& + \frac{(a - 2c_2 + c_1 - p^e\theta)[9k - 2(2-\delta)^2]^2}{\{[9k - 2(2-\delta)^2]^2 - 4(2-\delta)^2(2\delta-1)^2\}^2} \\
& + \frac{4k(2-\delta)^2(2\delta-1)^2(a - 2c_1 + c_2 - p^e\theta)^2}{\{[9k - 2(2-\delta)^2]^2 - 4(2-\delta)^2(2\delta-1)^2\}^2} \\
& + \frac{p^e w_g[9k - 2(2-\delta)^2]^4}{\{[9k - 2(2-\delta)^2]^2 - 4(2-\delta)^2(2\delta-1)^2\}^2}
\end{aligned}
$$

$$-\frac{8p^e w_g (2-\delta)^2 (2\delta-1)^2 [9k-2(2-\delta)^2]^2}{\{[9k-2(2-\delta)^2]^2-4(2-\delta)^2(2\delta-1)^2\}^2}$$

$$+\frac{16p^e w_g (2-\delta)^4 (2\delta-1)^4}{\{[9k-2(2-\delta)^2]^2-4(2-\delta)^2(2\delta-1)^2\}^2}$$

$$\pi_m^{sn*} = \frac{k(a-2c_1+c_2)^2 [9k-2(2-\delta)^2]^2}{\{[9k-2(2-\delta)^2]^2-4(2-\delta)^2(2\delta-1)^2\}^2}$$

$$+\frac{4k(2-\delta)(2\delta-1)(a-2c_1+c_2)(a-2c_2+c_1)[9k-2(2-\delta)^2]^2}{\{[9k-2(2-\delta)^2]^2-4(2-\delta)^2(2\delta-1)^2\}^2}$$

$$+\frac{4k(2-\delta)^2(2\delta-1)^2(a-2c_2+c_1)^2}{\{[9k-2(2-\delta)^2]^2-4(2-\delta)^2(2\delta-1)^2\}^2}$$

$$\pi_g^{sn*} = \frac{k(a-2c_2+c_1)^2 [9k-2(2-\delta)^2]^2}{\{[9k-2(2-\delta)^2]^2-4(2-\delta)^2(2\delta-1)^2\}^2}$$

$$+\frac{4k(2-\delta)(2\delta-1)(a-2c_1+c_2)(a-2c_2+c_1)[9k-2(2-\delta)^2]^2}{\{[9k-2(2-\delta)^2]^2-4(2-\delta)^2(2\delta-1)^2\}^2}$$

$$+\frac{4k(2-\delta)^2(2\delta-1)^2(a-2c_1+c_2)^2}{\{[9k-2(2-\delta)^2]^2-4(2-\delta)^2(2\delta-1)^2\}^2}$$

根据数值分析结果可知：在政府可再生能源配额机制下，绿证市场的建立，即 $p^e>0$ 时，电力企业独立技术创新投资时的收益大于没有绿证交易市场时即 $p^e=0$ 的情形。

同理，当政府没有强制实施可再生能源配额制度，则 $p^e=0$，可得电力企业联合技术创新投资时的企业利润。

根据式（6.36）可得：

$$\pi^{c*} = \frac{[(9k-4)^2-16]^2 [(a-2c_1+c_2-p^e\theta)^2+(a-2c_2+c_1-p^e\theta)^2]}{9[(9k-4)^2-16]^2}$$

$$+\frac{(2916k^3-2592k^2)(2a-c_1-c_2-2p^e\theta)^2}{9[(9k-4)^2-16]^2}$$

$$+\frac{9[(9k-4)^2-16]^2(p^e w_m+p^e w_g)}{9[(9k-4)^2-16]^2}$$

$$\pi^{cn*} = \frac{[(9k-4)^2-16]^2[(a-2c_1+c_2)^2+(a-2c_2+c_1)^2]}{9[(9k-4)^2-16]^2}$$

$$+\frac{(2916k^3-2592k^2)(2a-c_1-c_2)^2}{9[(9k-4)^2-16]^2}$$

根据数值分析结果可知：在政府可再生能源配额机制下，绿证市场的建立，即 $p^e > 0$ 时，电力企业联合技术创新投资时的收益大于没有绿证交易市场时即 $p^e = 0$ 的情形。

情形 2　政府实施可再生能源配额情况下，不同技术创新投资策略的利润比较。此时需要比较电力企业独立技术创新投资和联合技术创新投资的利润。比较式（6.36）与式（6.26）、式（6.27）之和，可得：

$$\pi_m^{s*} = \frac{k(a-2c_1+c_2-p^e\theta)^2[9k-2(2-\delta)^2]^2}{\{[9k-2(2-\delta)^2]^2-4(2-\delta)^2(2\delta-1)^2\}^2}$$

$$4k(2-\delta)(2\delta-1)(a-2c_1+c_2-p^e\theta)$$

$$+\frac{(a-2c_2+c_1-p^e\theta)[9k-2(2-\delta)^2]^2}{\{[9k-2(2-\delta)^2]^2-4(2-\delta)^2(2\delta-1)^2\}^2}$$

$$+\frac{4k(2-\delta)^2(2\delta-1)^2(a-2c_2+c_1-p^e\theta)^2}{\{[9k-2(2-\delta)^2]^2-4(2-\delta)^2(2\delta-1)^2\}^2}$$

$$+\frac{p^e w_m[9k-2(2-\delta)^2]^4}{\{[9k-2(2-\delta)^2]^2-4(2-\delta)^2(2\delta-1)^2\}^2}$$

$$-\frac{8p^e w_m(2-\delta)^2(2\delta-1)^2[9k-2(2-\delta)^2]^2}{\{[9k-2(2-\delta)^2]^2-4(2-\delta)^2(2\delta-1)^2\}^2}$$

$$+\frac{16p^e w_m(2-\delta)^4(2\delta-1)^4}{\{[9k-2(2-\delta)^2]^2-4(2-\delta)^2(2\delta-1)^2\}^2}$$

$$\pi_g^{s*} = \frac{k(a-2c_2+c_1-p^e\theta)^2[9k-2(2-\delta)^2]^2}{\{[9k-2(2-\delta)^2]^2-4(2-\delta)^2(2\delta-1)^2\}^2}$$

$$4k(2-\delta)(2\delta-1)(a-2c_1+c_2-p^e\theta)$$

$$+\frac{(a-2c_2+c_1-p^e\theta)[9k-2(2-\delta)^2]^2}{\{[9k-2(2-\delta)^2]^2-4(2-\delta)^2(2\delta-1)^2\}^2}$$

$$+\frac{4k(2-\delta)^2(2\delta-1)^2(a-2c_1+c_2-p^e\theta)^2}{\{[9k-2(2-\delta)^2]^2-4(2-\delta)^2(2\delta-1)^2\}^2}$$

$$+ \frac{p^e w_g [9k - 2(2-\delta)^2]^4}{\{[9k - 2(2-\delta)^2]^2 - 4(2-\delta)^2(2\delta-1)^2\}^2}$$

$$- \frac{8p^e w_g (2-\delta)^2(2\delta-1)^2[9k-2(2-\delta)^2]^2}{\{[9k-2(2-\delta)^2]^2 - 4(2-\delta)^2(2\delta-1)^2\}^2}$$

$$+ \frac{16 p^e w_g (2-\delta)^4(2\delta-1)^4}{\{[9k-2(2-\delta)^2]^2 - 4(2-\delta)^2(2\delta-1)^2\}^2}$$

$$\pi^{c*} = \frac{[(9k-4)^2 - 16]^2 [(a-2c_1+c_2-p^e\theta)^2 + (a-2c_2+c_1-p^e\theta)^2]}{9[(9k-4)^2-16]^2}$$

$$+ \frac{(2916k^3 - 2592k^2)(2a-c_1-c_2-2p^e\theta)^2}{9[(9k-4)^2-16]^2}$$

$$+ \frac{9[(9k-4)^2-16]^2(p^e w_m + p^e w_g)}{9[(9k-4)^2-16]^2}$$

根据数值分析结果可知：在政府可再生能源配额机制下，电力企业联合技术创新投资时的利润大于独立技术创新投资时的情形。

6.4.2.2　电力企业电量

政府实施可再生能源配额情况下，不同技术创新投资策略下的电力企业需要比较电力企业采用独立技术创新投资和联合技术创新投资生产的电量。由式（6.23）和式（6.24）以及式（6.33）和式（6.34）可得：

$$q_m^{s*} = \frac{3k\{(a-2c_1+c_2-p^e\theta)[9k-2(2-\delta)^2] + 2(2-\delta)(2\delta-1)(a-2c_2+c_1-p^e\theta)\}}{[9k-2(2-\delta)^2]^2 - 4(2-\delta)^2(2\delta-1)^2}$$

$$q_g^{s*} = \frac{3k\{(a-2c_2+c_1-p^e\theta)[9k-2(2-\delta)^2] + 2(2-\delta)(2\delta-1)(a-2c_1+c_2-p^e\theta)\}}{[9k-2(2-\delta)^2]^2 - 4(2-\delta)^2(2\delta-1)^2}$$

$$q_m^{c*} = \frac{(a-2c_1+c_2-p^e\theta)[(9k-4)^2-16] + 36k(2a-c_1-c_2-2p^e\theta)}{3[(9k-4)^2-16]}$$

$$q_g^{c*} = \frac{(a-2c_2+c_1-p^e\theta)[(9k-4)^2-16] + 36k(2a-c_1-c_2-2p^e\theta)}{3[(9k-4)^2-16]}$$

根据数值分析结果可知：在政府可再生能源配额制下，存在一个临界点，低于临界点，电力企业联合技术创新投资时的电量大于独立技术创新投资时的情形；高于临界点，电力企业联合技术创新投资时的电量小于独立技术创新投资时的情形。

6.4.2.3　电力企业可再生能源利用技术创新水平

政府实施可再生能源配额情况下，不同技术创新投资策略下的电力企业可再生能源利用技术创新水平比较。此时需要比较电力企业采用独立技术创新投资和联合技术创新投资的可再生能源利用技术创新水平。由式（6.21）~式（6.22）和式（6.32）可得：

$$x_m^{s*} = \frac{2(2-\delta)(a-2c_1+c_2-p^e\theta)[9k-2(2-\delta)^2]+4(2-\delta)^2(2\delta-1)(a-2c_2+c_1-p^e\theta)}{[9k-2(2-\delta)^2]^2-4(2-\delta)^2(2\delta-1)^2}$$

$$x_g^{s*} = \frac{2(2-\delta)(a-2c_2+c_1-p^e\theta)[9k-2(2-\delta)^2]+4(2-\delta)^2(2\delta-1)(a-2c_1+c_2-p^e\theta)}{[9k-2(2-\delta)^2]^2-4(2-\delta)^2(2\delta-1)^2}$$

$$x_m^{c*} = x_g^{c*} = \frac{18k(2a-c_1-c_2-2p^e\theta)}{(9k-4)^2-16}$$

根据数值分析结果可知：在政府可再生能源配额制下，存在一个临界点，低于临界点，电力企业联合技术创新投资时的可再生能源利用技术创新水平大于独立技术创新投资时的情形；高于临界点，电力企业联合技术创新投资时的可再生能源利用技术创新水平小于独立技术创新投资时的情形。

6.5　算例分析

6.5.1　算例介绍

根据前面的分析结果，本节通过数值模拟进一步说明可再生能源配额制下的微电网价值补偿问题。主要考察可再生能源配额、绿证价格对电力企业收益、电量水平及可再生能源利用技术创新水平的影响。

基于我国"双碳"目标战略背景以及我国关于可再生能源配额与绿证交易的相关规定，结合微电网行业的特征，以及相关的假设和经济学理论，我们假设：电力市场规模，可再生能源配额分别为 $a = 150$（千瓦时），$\theta = 10\%$；微电网单位电量固定生产成本、电网公司单位电量固定生产成本、绿证交易价格分别为 $c_1 = 7$（0.1 元/千瓦时），$c_2 = 4$（0.1 元/千瓦时），$p^e = 3$（0.1 元/千瓦时）；微电网和电网公司已提供（消纳）的可再生能源电量为 $w_m = 20$（千瓦时），$w_g = 2$（千瓦时）；可再生能源利用技术创新投资成本弹性系数、技术溢出系数和环境损失系数分别为 $k = 11$，$\delta = 1$，$\rho = 200$（元/吨）。

通过 Matlab 计算了可再生能源配额、绿证价格以及电力企业以独立或联合两种方式实施可再生能源利用技术创新投资的情况，以分析不同情景下各参数对电力企业收益、电量等变量的影响，具体分析如下。

6.5.2　算例结果分析

6.5.2.1　可再生能源配额对绿色证书市场交易的影响

为贯彻落实国家"双碳"目标发展要求，政府实行可再生能源配额制，分配给各电力企业的可再生能源配额有利于提高可再生能源利用，但该配额的完成会增加电力企业成本，同时可再生能源配额制也会促进绿色证书交易市场的形成，为以绿色电力为主的微电网提供了市场化的价值补偿途径。为探究可再生能源配额对电力企业利润、电量及可再生能源利用技术创新水平有哪些影响？可再生能源配额是否存在最优边界？我们作图分析可再生能源配额对电力企业利润、电量及可再生能源利用技术创新水平的影响。由图6.1 可以看出，在可再生能源配额制下，θ 存在一个临界点，当 θ 小于临界点时，无论电力企业采取独立可再生能源利用技术创新投资还是联合可再生能源利用技术创新投资，电力企业的利润都存在逐渐下降的趋势，当 θ 大于

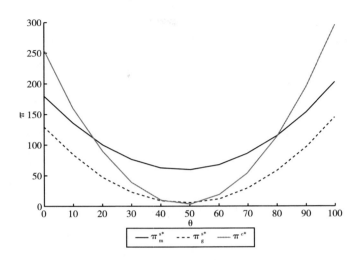

图 6.1　可再生能源配额对电力企业利润的影响

临界点时，无论电力企业采用独立可再生能源利用技术创新投资还是采用联合可再生能源利用技术创新投资，电力企业的利润都存在上升的趋势。同时，研究发现，微电网的利润高于电网公司的利润，微电网和电网公司在联合技术创新投资情形下的利润高于独立技术创新投资时的利润。由图 6.2 可

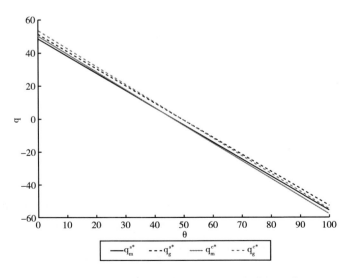

图 6.2　可再生能源配额对电力企业电量的影响

知，在可再生能源配额制下，电力企业选择独立技术创新投资时的电量低于联合技术创新投资时的电量，且随着可再生能源配额的增加，无论电力企业选择独立还是联合技术创新投资，其电量都呈下降趋势。这可能是因为随着可再生能源的配额的提高，电力企业电量越高，需要消纳的可再生能源电量也越高，电力企业宁可降低自身电量生产。由图 6.3 可以看出，θ 存在一个临界点，当 θ 小于临界点时，电力企业联合技术创新投资下技术创新水平高于独立投资时的情形，当 θ 大于临界点时，电力企业联合技术创新投资下技术创新水平低于独立投资时的情形。同时，研究发现，电网公司的可再生能源利用技术创新水平高于微电网的可再生能源利用技术创新水平。可能的原因是从利润最大化角度来看，电网公司在资金、技术、经验等资源方面具有优势，应该具有高于微电网的可再生能源利用技术创新水平，但现实中微电网公司更专注于可再生能源利用技术创新水平的提升，因此，电网公司应该更多地将资源向可再生能源利用技术方面倾斜。

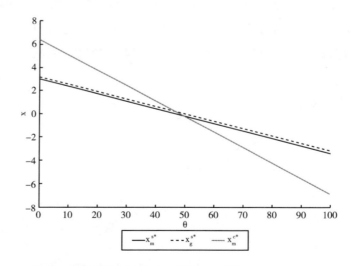

图 6.3　可再生能源配额对电力企业可再生能源利用技术创新水平的影响

6.5.2.2　绿色证书交易价格对绿色证书市场交易的影响

为探究可再生能源配额制下，绿色证书交易价格对绿色证书市场交易的影响，我们用图 6.4、图 6.5 和图 6.6 分别分析了绿色证书交易价格对电力企业利润、电量和可再生能源利用技术创新水平的影响。由图 6.4 可知，随着绿色证书交易价格的增加，电力企业在独立技术投资和联合技术投资下，其利润都会增加。绿色证书市场交易价格对电力企业利润有正向影响。由图

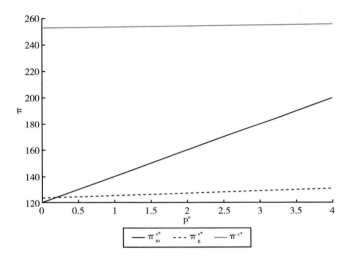

图 6.4　绿色证书交易价格对电力企业利润的影响

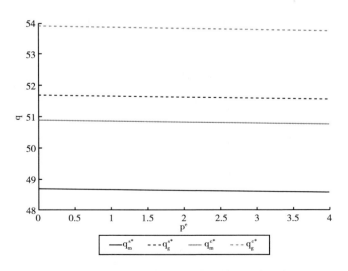

图 6.5　绿色证书交易价格对电力企业电量的影响

6.5 可知，随着绿色证书交易价格的增加，电力企业无论是在独立技术投资和联合技术投资下，其电量都呈略微下降的趋势。可能的原因是：绿色证书市场交易价格增加，在可再生能源利用技术水平较低时，电力企业生产成本较高，电量会下降。而未来随着可再生能源利用技术水平的提高，电力企业生产成本降低，电量可能会增加。由图 6.6 可知，随着绿色证书交易价格的增加，电力企业的可再生能源利用技术创新水平有微弱的提升，绿色证书交易价格对可再生能源利用技术水平有一定正向影响。

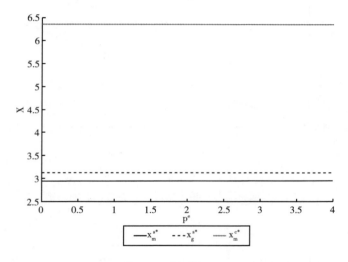

**图 6.6　绿色证书交易价格对电力企业可再生能源
利用技术创新水平的影响**

第 7 章

结论与研究展望

微电网的建设会带来广泛的经济价值、社会价值和环境价值，特别是在国家"双碳"目标战略下，微电网能有效降低能源行业碳排放，促进可再生能源电力消纳，这些价值具有正外部性的特点，难以在市场交易中体现。如果微电网资源价值不能得到合理的补偿，将严重影响微电网的建设和发展。本书关注了微电网资源价值补偿的现实问题，以微电网资源价值为切入点，旨在分析微电网利益相关者、政府补贴及市场交易机制对微电网价值补偿的影响。为此，本书基于利益相关者理论、外部性理论和价值补偿理论对微电网资源价值进行了全面的分析，进而在总结现有微电网价值补偿方式的基础上，从微电网关键利益相关者、微电网系统内部和外部市场的角度探讨微电网价值补偿机制，希望以此促进微电网资源价值得到合理的补偿，推动微电网产业在我国健康快速发展。

7.1　结论与管理启示

7.1.1　研究结论

本书的研究结论总结如下。

（1）微电网项目的合作开发是一个价值增值的过程，其合作开发过程也涉及多个利益相关者。从产业链的角度来看，微电网项目为产业链各利益相关者如电网公司、政府、设备供应商、运营商、用户增加了不同程度的价值，因此，各利益相关者也会不同程度地影响微电网的价值补偿。此外，微电网的建设对整个社会来说都具有环境、经济及社会价值，这些价值具有正的外部性特征，但微电网的正外部性未能在市场交易中得以体现，导致微电网的价值没有得到合理的补偿，进而引发微电网投资需求和消费需求不足，不利于微电网产业的健康发展。为更好地探讨微电网价值补偿机制，文章结合微电网现有价值补偿实际做法，从政府补贴和市场交易两个方面分析了现有价值补偿机制的特点和补偿机理，研究结果为后续微电网价值补偿机制设计提供了现实基础。

（2）微电网产业链的各利益相关者均对微电网的价值补偿产生或大或小的影响。但在现有的电力体制背景下，电网公司在微电网建设核准、项目运营、并网及调度、获得上网电价补贴等方面均有重要影响，没有了电网公司的支持，微电网项目开发将难以开展，其价值补偿将无从谈起。但电网公司如果不能从支持微电网的建设中获得补偿，也不会有动力投入资源支持微电网建设。因此，本书第4章从经济收益角度分析了电网公司对微电网价值补偿的影响。研究结果表明，"双碳"目标下电网公司与微电网有着一定程度的合作动机，微电网和电网公司选择初始合作策略可能性越大，越容易实现双方合作价值补偿，且电网公司是否同意并网、及时支付上网电价补贴等在促成微电网获得经济价值补偿中起关键作用。与售电收益、沟通成本和政府补贴三个参数的初始值相比，降低沟通成本、增加售电收益、增加政府补贴，越容易实现微电网经济价值补偿。

（3）微电网发展初期，政府补贴能平衡微电网的成本和收益，同时有了政府的助力也能促使各利益相关者更好地支持微电网建设，是推动微电网产业发展的有力工具。本书在第5章构建了基于产业效率的微电网产业链补贴模型，涉及的参与方有政府、设备供应商、投资商、运营商和用户，政府补贴给不同的微电网参与方将影响各参与方的价值补偿，也会影响微电网的产业效率。具体而言，补贴给设备供应商和投资商时，微电网产业链渠道价格指标较低；补贴给运营商和用户时，微电网产业链渠道价格指标较高。由此可见，政府可在微电网发展初期或微电网市场低迷时，可通过对微电网设备供应商和投资商进行补贴，以推动微电网的投资和发展。当微电网发展到趋向市场饱和时，政府可通过补贴给微电网运营商和用户，提高微电网的运营质量和刺激用户对微电网的需求，进一步促进微电网的发展。同时，研究还发现，补贴是有最优边界的，当微电网系统技术水平发展到一定程度时，各参与方的收益可平衡自身的成本和风险，此时可随着技术水平的提高逐渐降低对微电网的补贴。

（4）市场化交易机制是微电网价值补偿的有效途径，也是微电网产业发展到一定阶段的必然趋势。本书第 6 章通过建立三阶段动态博弈模型，在区别可再生能源利用技术创新独立投资和联合投资两种策略的基础上，研究了可再生能源配额制和绿色证书制度下，可再生能源配额和绿色证书交易价格对可再生能源利用技术创新水平、电量和利润的影响。研究结果表明，可再生能源配额制度会对电力企业带来利润损失，但可再生能源配额制度又会促使绿色证书交易市场的形成；可再生能源配额存在最优边界，使电力企业存在均衡的可再生能源利用技术创新水平、电量和利润；绿色证书交易价格的增加使电力企业增加利润，绿色证书交易价格对电力企业电量的影响要考虑可再生能源技术利用水平的调节作用，绿色证书交易价格对可再生能源技术利用水平具有一定的正向影响。

7.1.2 管理启示

本书的管理启示总结如下。

（1）微电网的开发涉及多个利益相关者，各利益相关者对微电网的价值补偿有着不同程度的影响。虽然不可能也难以兼顾所有利益相关者的影响，但可以找出微电网关键利益相关者，梳理出关键利益相关者对微电网价值补偿的影响，同时也需要明确关键利益相关者从对微电网的支持中获得什么样的价值补偿，通过双方的合作实现各自的价值补偿。例如，可以建立微电网与电网公司良好的沟通、协调机制及风险防范机制，减少信息不对称性，增加对双方的信任，降低机会主义风险，降低合作成本；政府应完善微电网的规划设计、建设运行及后期维护的管理规范，完善微电网并网相关技术标准和管理规章制度，为微电网和电网公司的合作创造良好的政策环境；政府应加大对微电网建设、电网公司智能化改造的扶持力度，增强微电网与电网公司合作意愿，特别是增强电网公司的合作参与度，利用电价补贴、税收优惠、研发补贴等形式，鼓励电网公司输送可再生能源、清洁能源电力，广泛开展并网技术创新、合作模式开发等方面的合作，为微电网电力消纳提供良好的现实条件。

（2）政府对微电网产业链各利益相关者的补贴会影响各利益相关者的收益，进而也会影响微电网产业链的效率。微电网发展的不同阶段有着不同的发展目标，政府应根据微电网不同发展阶段的目标制定相应的补贴政策。此外，微电网技术水平的变化对微电网各方收益具有重要影响，且补贴是有最优边界的，一方面，当微电网系统技术水平发展到一定程度时，各参与方的收益可平衡自身的成本和风险，此时可随着技术水平的提高逐渐降低对微电网的补贴；另一方面，为了更好地让补贴发挥作用，不仅应采取恰当的补贴方式，还应采用恰当的补贴额度。这些研究结果将为微电网产业链中各方的决策以及政府的补贴决策提供重要的参考。

（3）可再生能源配额制和绿证制度是当前实现微电网价值补偿的有效途径。可再生能源配额不是越高越好，存在一个最优边界使电力企业得到均衡的可再生能源利用技术水平、电量和利润。可再生能源配额制结合绿证交易制度，不仅有利于降低政府管理成本，更好地营造公平竞争的电力市场机制，也将更好地体现微电网的外部价值，为微电网可再生能源发电提供销售渠道，降低微电网可再生能源发电的成本，并实现扩大可再生能源电力规模，促进微电网产业发展的目的，为电力用户提供更多的绿色电力产品。当前，可再生能源配额制度在美国、英国、澳大利亚和日本等国家得到广泛应用。美国是较早实行可再生能源配额制的国家，也是实行可再生能源配额制较为成功的国家。据预测，到 2025 年，可再生能源配额制将促使美国的可再生能源装机容量增加 76750 兆瓦，可见配额制对美国可再生能源发展具有明显的促进功能。我国应结合国情广泛借鉴欧美发达国家的可再生能源配额制实施经验，制定合理的可再生能源配额，完善绿色证书交易机制，落实监管机构对交易过程进行监管与指导，平衡行政手段和市场分配手段的作用效力。

7.2　研究展望

本书虽然只研究了关键利益相关者和有限的影响因素，并不代表其他利益相关者和影响因素对微电网价值补偿不重要，而是那样做会使分析变得复杂，难以求出均衡解。本书的研究方法易于扩展至分析其他利益相关者对微电网价值补偿问题的研究，但研究也存在一定的局限性和不足，后续的研究应注意以下问题。

（1）本书在研究微电网和电网公司合作价值补偿机制时，从直接收益、间接收益、政府补贴、支出成本和风险支出五个变量刻画了影响微电网与电网公司合作的因素，明确了这些因素对通过促使微电网与电网公司的合作中对微电网实现的价值补偿；但并没有考虑不平等竞争、收益分配比例，政府对电网公司不合作的惩罚等变量对微电网和电网公司合作进而对微电网价值补偿的影响。

（2）本书从产业链运转效率的视角研究了政府补贴微电网产业链利益相关者对其收益产生的影响，以明确政府补贴对微电网价值补偿的影响。重点在于分析不同的补贴对象，并没有考虑补贴方式。未来可以考虑分析不同补贴方式对微电网产业链补贴对象和运营效率的影响。通过对补贴对象和补贴方式的研究，加深对政府补贴影响微电网价值补偿的理解和认识，为微电网建设选择最优的补贴对象和补贴方式提供分析思路。同时本书的研究没有考虑政府补贴的时效性或时延，这也是在今后的研究中需要加入的研究情境。

（3）本书构建三阶段动态博弈分析了可再生能源配额制和绿证制度对微电网价值补偿的影响，没有考虑政府对未完成可再生能源配额制企业的惩罚对交易的影响，而这些因素都会影响交易主体的决策，进而影响微电网的价值补偿。此外，没有将补贴机制和市场化补偿机制加以联合考虑，由于不同的补偿机制各有优势和不足，以组合的方式进行机制设计更有利于实现微电网价值补偿。因此，以后需要在更一般的情境下讨论微电网价值补偿机制。

（4）虽然本书运用了数值模拟来验证结论，但是毕竟跟微电网发展真实场景有差异。因此，基于微电网实际数据的计量分析能更为客观地说明问题，但计量分析要求一定数量的有效样本。国内微电网发展时间较短，相应的工程项目并不多。据统计，截至 2017 年国家认可的新能源微电网示范项目有 28 个通过国家审核条件，其中，并网型微电网 24 个，独立型微电网 4 个。在针对某些变量进行控制之后，有效样本数还会进一步降低。如此少的样本，无论从技术上，还是从合理性上，都不适合进行计量分析。不过随着产业的持续发展，微电网项目的数目会越来越多，有效样本的数量也会相应增加，这为后续进一步进行计量分析提供了空间。

参考文献

［1］白丽飞. 基于环境溢出效应视角的风电产业环境价值测度——以甘肃风电产业发展为例［J］. 干旱区资源与环境，2016，30（2）：38 – 44.

［2］北极星电力网. 2018. 截至目前时段共认购29905个绿证! 累计风电交易量29753MWh［EB/OL］. http：//news. bjx. com. cn/html/20181120/943010. shtml，2018 – 11 – 20/2018 – 12 – 20.

［3］北极星电力网. 世界主要国家能源重要政策回顾［EB/OL］. http：//news. bjx. com. cn/html/20180411/891216. shtml，2018 – 04 – 11/2018 – 09 – 20.

［4］陈宏辉. 公司的利益相关者理论与实证研究［D］. 杭州：浙江大学，2003.

［5］陈瑜，谢富纪. 中国太阳能光伏产业创新价值链的实现过程研究［J］. 上海管理科学，2013，35（4）：76 – 81.

［6］陈政，杨甲甲，金小明，等. 可再生能源发电电价形成机制与参与电力市场的竞价策略［J］. 华北电力大学学报（自然科学版），2014，41（2）：89 – 98，102.

［7］陈志峰. 我国可再生能源绿证交易基础权利探析［J］. 郑州大学学报（哲学社会科学版），2018，51（3）：43 – 47.

［8］杜祥琬. 试论碳达峰与碳中和［J］. 学术前沿，2021（14），9.

［9］冯奕，刘秋华，刘颖，王帅. 中国售电侧可再生能源配额制设计探

索［J］．电力系统自动化，2017，41（24）：137－141，158.

［10］高赵霞．环境成本管理的发展趋势与碳税开征的必然性［J］．今日南国（中旬刊），2010（12）：276－277.

［11］葛睿，董昱，吕跃春．欧洲"11.4"大停电事故分析及对我国电网运行工作的启示［J］．电网技术，2007，31（3）：1－6.

［12］郭荣中，申海建．基于生态足迹的澧水流域生态补偿研究［J］．水土保持研究，2017，24（2）：353－358.

［13］国家发改委，国家能源局．推进并网型微电网建设试行办法［EB/OL］．http：//www. ndrc. gov. cn/zcfb/zcfbtz/201707/t20170724 _ 855213. html，2017－7－17/2018－09－04.

［14］国家发展改革委，国家能源局．电力发展"十三五"规划［EB/OL］．http：//www. ndrc. gov. cn/fzgggz/fzgh/ghwb/gjjgh/201706/t20170605 _ 849994. html，2017－06－15/2018－09－26.

［15］国家发展改革委．可再生能源发展"十三五"规划［EB/OL］．http：//www. ndrc. gov. cn/zcfb/zcfbghwb/201612/t20161216 _ 830269. html，2016－12－10/2018－09－23.

［16］国家能源局．微电网管理办法（征求意见稿）［EB/OL］．http：//zfxxgk. nea. gov. cn/auto84/201702/t20170209_2561. htm，2017－02－07/2018－09－25.

［17］Hurlbut David，马莉，等．批发电力市场中清洁能源发电及调度——美国的经验［J］．中国电力，2017，50（4）：28－34.

［18］哈尔·R. 范里安．微观经济学：现代观点［M］．6版．上海：上海人民出版社，2006.

［19］黄守军，余波，张宗益．基于实物期权的分布式风电站投资策略研究［J］．中国管理科学，2017，25（9）：97－106.

［20］黄涛珍，商波．可再生能源配额考核监管与主体行为策略选择［J］．资源科学，2020，42（12）：2393－2405.

［21］蒋轶澄，曹红霞等．可再生能源配额制的机制设计与影响分析

［J］．电力系统自动化，2020，44（7）：187－199.

［22］孔令丞，朱振宁，涂改革，等．可再生能源发电并网的多方合意合约设计［J］．系统管理学报，2018，27（1）：10－22.

［23］李凤梅，柳卸林，高雨辰，等．产业政策对我国光伏企业创新与经济绩效的影响［J］．科学学与科学技术管理，2017，38（11）：47－60.

［24］李雅超，撖晨宇，肖艳炜，等．基于可再生能源经济调度时序模拟的绿色证书市场交易研究［J］．智慧电力，2021，49（4）：58－65.

［25］李志学，崔瑜，张侃．西北地区风电产业正向环境效应价值测算研究［J］．干旱区资源与环境，2017，31（5）：100－106.

［26］林绿，吴亚男，董战峰，等．德国和美国能源转型政策创新及对我国的启示［J］．环境保护，2017，45（19）：64－70.

［27］刘层层，李南，楚永杰．可再生能源价格政策在寡头竞争市场中的比较［J］．运筹与管理，2017，26（7）：64－73.

［28］刘会政，宗喆．全球价值链下中国光伏产业升级研究［J］．生态经济，2017，33（5）：52－56，112.

［29］刘吉成，何丹丹，龙腾．适应能源互联网需求的风力发电数据集成研究［J］．电网技术，2017，41（3）：978－984.

［30］刘秋华，袁浩，杨争林，等．可再生能源配额制下绿色证书补偿辅助服务方案探讨［J］．电力系统自动化，2020，44（6）：1－8.

［31］龙勇，汪谷腾，孟卫东，等．微电网与大电网的竞合关系及其对社会福利效应的影响［J］．重庆大学学报，2014，37（7）：147－152.

［32］马子明，钟海旺，谭振飞，等．以配额制激励可再生能源的需求与供给国家可再生能源市场机制设计［J］．电力系统自动化，2017，41（24）：90－96，119.

［33］Schusse，禹雪中，冯时．中国流域生态补偿标准核算方法分析［J］．中国人口・资源与环境，2011，21（9）：14－19.

［34］宋之杰，孙其龙．减排视角下企业的最优研发与补贴［J］．科研管理，2012，33（10）：80－89.

［35］孙谊媗，凌静，秦艳辉，等．考虑绿色证书的可再生能源跨区消纳竞价优化方法［J］．可再生能源，2018，36（6）：942-948．

［36］覃欣，仲苏亮，扶柠柠，等．在利益调整中优化可再生能源发展生态［J］．开放导报，2018（4）：90-93．

［37］汤吉军．生态环境资源定价与补偿机制设计：一种实物期权方法［J］．中国人口·资源与环境，2009，19（6）：7-10．

［38］王风云．我国可再生能源电价补贴及优化研究［J］．学习与探索，2020（3）：95-102．

［39］王辉，汪应宏，卞正富，等．采煤塌陷区生态环境动态补偿机理与规划实践［J］．中国土地科学，2011，32（8）：80-85，97．

［40］王辉，张芮丹，王军杰，等．可再生能源配额制下电力市场多主体交易决策优化模型［J］．科学技术与工程，2020，20（6）：2292-2298．

［41］王坤，何军，陈运帷．长江经济带上下游生态补偿方案设计［J］．环境保护，2018，46（5）：59-63．

［42］王萌．试析资源税与环境税的关系［J］．财会月刊，2010（12）：79-84．

［43］王腾飞，王辉，冷亚军，等．RPS与偏差电量考核下考虑微电网群的售电公司盈利模型［J］．电力建设，2019，40（1）：96-103．

［44］王文静，王斯成．我国分布式光伏发电的现状与展望［J］．中国科学院院刊，2016，31（2）：165-172．

［45］魏向杰．支持新能源发展的财税政策研究［J］．中国工程科学，2015，17（3）：67-74．

［46］吴丰林，方创琳．中国风能资源价值评估与开发阶段划分研究［J］．自然资源学报，2009，24（8）：1412-1421．

［47］吴玲．基于企业生命周期的利益相关者管理及实证研究［D］．成都：四川大学，2005．

［48］武光，欧阳桃花，姚唐．战略性新兴产业情境下的企业商业模式动

态转换：基于太阳能光伏企业案例［J］．管理评论，2015，27（11）：217－230．

［49］肖健．基于外部性理论的流域水生态补偿机制研究——以太湖流域为例［D］．南昌：江西理工大学，2009．

［50］谢敬东，卞泽远，吕志伟，等．基于三方演化博弈的微网接入公共配电网服务输配电价调整监管机制．科学技术与工程，2021，21（15）：6312－6321．

［51］徐基光．基于绿色证书交易的含风电系统低碳经济调度［J］．中国电力，2016，49（7）：145－150．

［52］宣晓伟．居民分布式光伏发电推广面临的问题和建议［J］．经济纵横，2015（3）：78－82．

［53］杨飞．环境税，环境补贴与清洁技术创新：理论与经验［J］．财经论丛，2017（8）：19－27．

［54］杨思留．我国环境税的制度设计及战略实施［J］．开发研究，2010（6）：154－157．

［55］姚奔．资源型城市资源开发利用补偿机制中利益相关者的冲突分析［D］．南昌：南昌大学，2008．

［56］于波涛，于渤．环境要素内生化的工业运行 CRE 效率研究［J］．哈尔滨工程大学学报．2010，31（11）：1549－1558．

［57］于娟．完善可再生能源发电上网定价及补偿机制［J］．宏观经济管理，2015（4）：71－72，75．

［58］于雄飞，郭雁珩．绿色电力证书定价动态模型及交易策略研究［J］．水力发电，2018，44（6）：94－97．

［59］余东华，吕逸楠．政府不当干预与战略性新兴产业产能过剩——以中国光伏产业为例［J］．中国工业经济，2015（10）：53－68．

［60］余杨，李传忠．绿证交易、发售电配额制与可再生能源财税减负效应［J］．中国人口·资源与环境，2020，30（2）：80－88．

［61］俞萍萍．国际碳贸易价格波动对可再生能源投资的影响机制——

基于实物期权理论的分析 [J]. 国际贸易问题, 2012 (5): 94 – 104.

[62] 郁建兴, 王茵. 光伏产业财政补贴政策的作用机制: 基于两家光伏企业的案例研究 [J]. 经济社会体制比较, 2017 (4): 127 – 138.

[63] 袁广达. 我国工业行业生态环境成本补偿标准设计: 基于环境损害成本的计量方法与会计处理 [J]. 会计研究, 2014 (8): 88 – 95.

[64] 张明明, 周德群, 周鹏. 基于实物期权的中国光伏发电项目投资评价 [J]. 北京理工大学学报 (社会科学版), 2014, 16 (6): 26 – 33.

[65] 张钦, 蒋莉萍. 美国加州可再生能源发展经验与实践 [J]. 华东电力, 2012, 40 (11): 1895 – 1898.

[66] 张世翔, 田琴丹. 上网电价及 DG 补贴对微电网调度结果的灵敏度分析 [J]. 中国电力, 2016, 49 (4): 174 – 180.

[67] 张文珺, Klaus M., 蔡玉梅. 德国生态补偿的评估方法和措施 [J]. 中国土地, 2018 (7): 49 – 51.

[68] 张玉强, 张影. 海洋生态补偿机制研究: 基于利益相关者理论 [J]. 浙江海洋学院学报 (人文科学版), 2017, 34 (2): 1 – 6.

[69] 赵卉卉, 张永波, 王明旭. 中国流域生态补偿标准核算方法进展研究 [J]. 环境科学与管理, 2014, 39 (1): 151 – 154.

[70] 赵加强. 中国太阳能光伏发电发展的法律政策问题: 以政策工具优化为视角 [J]. 上海交通大学学报 (哲学社会科学版), 2014, 22 (6): 26 – 34.

[71] 赵文会, 钟孔露, 王辉, 等. 影响风力发电决策的政府激励机制研究 [J]. 电网与清洁能源, 2016, 32 (7): 118 – 124.

[72] 中共中央, 国务院. 关于完整准确全面贯彻新发展理念做好碳达峰碳中和工作的意见 [EB/OL]. http://www.gov.cn/zhengce/2021 – 10/24/content_5644613.htm, 2021 – 10 – 24/2021 – 12 – 20.

[73] 朱方, 赵红光, 刘增煌, 等. 大区电网互联对电力系统动态稳定性的影响 [J]. 中国电机工程学报, 2007, 27 (1): 1 – 7.

[74] Aaltonen K, Jaakko K, Tuomas O, 2008. Stakeholder salience in global

projects [J]. International Journal of Project Management, 26 (5): 509 –516.

[75] Abrell Jan, Kosch Mirjam, Rausch Sebastian, 2019. Carbon abatement with renewables: Evaluating wind and solar subsidies in Germany and Spain [J]. Journal of Public Economics, 169 (1): 172 –202.

[76] Adefarati Temitope, 2018. Reliability, economic and environmental analysis of a microgrid system in the presence of renewable energy resources [J]. Applied Energy, 236 (12): 1089 –1114.

[77] Ahmad F, Alam M S, 2017. Economic and ecological aspects for micro-grids deployment in India [J]. Sustainable Cities and Society, 37 (2): 407 –419.

[78] Albert R, Albert I, Nakarado G L, 2004. Structural vulnerability of the North American power grid [J]. Physical review E, 69 (2): 025103.

[79] Ali A, Li W, Hussain R, He X, Williams B W, Memon A H, 2017. Overview of current microgrid policies, incentives and barriers in the European Union, United States and China [J]. Sustainability, 9 (7): 1146.

[80] Antoci A, Dei R, Galeotti M, 2009. Financing the adoption of environment preserving technologiesvia innovative financial instruments: an evolutionary game approach [J]. Nonlinear Analysis: Theory, Methods & Applications, 71 (12): e952 –e959.

[81] Asaleye D A, Breen M, Murphy M D, et al, 2017. A decision support tool for building integrated renewable energy microgrids connected to a smart grid [J]. Energies, 10 (11): 1765.

[82] Aune F R, Dalen H M, Hagem C, 2012. Implementing the EU renewable target through green certificate markets [J]. Energy Economics. 34 (4): 992 –1000.

[83] Barbose G, Wiser R, Heeter J, et al, 2016. A retrospective analysis of benefits and impacts of U. S. renewable portfolio standards [J]. Energy Policy, 96 (12): 645 –660.

[84] Beersma B, Hollenbeck J R, Conlon D E, et al, 2009. Cutthroat co-

operation: the effects of team role decisions on adaptation to alternative reward structures [J]. Organizational Behavior and Human Decision Processes, 108 (1): 131 – 142.

[85] Bento A M, Garg T, Kaffine D, 2018. Emissions reductions or green booms? General equilibrium effects of a renewable portfolio standard [J]. Journal of Environmental Economics and Management, 90 (7): 78 – 100.

[86] Bhattacharya S, Giannakas K, Schoengold K, 2017. Market and welfare effects of renewable portfolio standards in United States electricity markets [J]. Energy Economics, 64 (5): 384 – 401.

[87] Blasques L C M, Pinho J T, 2012. Metering systems and demand-side management models applied to hybrid renewable energy systems in micro-grid configuration [J]. Energy Policy, 45 (1): 721 – 729.

[88] Carley Sanya, Davies Lincoln L, Spence David B, et al, 2018. Empirical evaluation of the stringency and design of renewable portfolio standards [J]. Nature Energy, 3 (7): 754 – 763.

[89] Carrasco J M, Franquelo L G, Bialasiewicz J T, et al, 2006. Power-electronic systems for the grid integration of renewable energy sources: A survey [J]. IEEE Transactions on Industrial Electronics, 53 (4): 1002 – 1016.

[90] Cavicchi Joseph, 2017. Rethinking government subsidies for renewable electricity generation resources [J]. The Electricity Journal, 30 (6): 1 – 7.

[91] Chamia M, Liberman S, 1978. Ultra high speed relay for EHV/UHV transmission lines-development, design and application [J]. IEEE Transactions on Power Apparatus and Systems PAS, 97 (6): 2104 – 2116.

[92] Chen W D, Song H, 2017. Optimal subsidies for distributed photovoltaic generation: Maximizing net policy benefits [J]. Mitigation and Adaptation Strategies for Global Change, 22 (3): 503 – 518.

[93] Chen W D, Wei P B, 2018. Socially optimal deployment strategy and incentive policy for solar photovoltaic community microgrid: A case of China [J].

Energy Policy, 116 (5): 86 – 94.

[94] Chen W D, Zeng Y, Xu C Q, 2019. Energy storage subsidy estimation for microgrid: A real option game-theoretic approach [J]. Applied Energy, 239 (4): 373 – 382.

[95] Choi Gobong, Huh Sung-Yoon, Heo Eunnyeong, Lee Chul-Yong, 2018. Prices versus quantities: Comparing economic efficiency of feed-in tariff and renewable portfolio standard in promoting renewable electricity generation [J]. Energy Policy, 113 (2): 239 – 248.

[96] Chou Shuo-Yan, Thi Anh Tuyet Nguyen, Yu Tiffany Hui-Kuang, Nguyen Ky Phuc Phan, 2015. Financial assessment of government subsidy policy on photovoltaic systems for industrial users: A case study in Taiwan [J]. Energy Policy, 87 (12): 505 – 516.

[97] Clarkson P M, Simunic D A, 1994. The Association between audit quality retained ownership, and firm-specific risk in united-states vs Canadian IPO markets [J]. Journal of Accounting& Economics, 17 (2): 207 – 228.

[98] Coase R H, 1960. The problem of social cost. In: Gopalakrishnan C. (eds) Classic Papers in Natural Resource Economics [C]. Palgrave Macmillan, London, 87 – 137.

[99] Corrado A, Ricardo C, Santos José Eusébio, 2018. The macroeconomic impact of renewable electricity power generation projects [J]. Renewable Energy, 131 (2): 1047 – 1059.

[100] Costinot A, Lorenzoni G, and Iván Werning, 2014. A theory of capital controls as dynamic terms-of-trade manipulation [J]. Journal of Political Economy, 122 (1): 77 – 128.

[101] Couture T, Cory K, Kreycik C, Williams E, 2010. A Policymaker's Guide to Feed-In Tariff Policy Design [EB/OL]. Technical Report NREL/TP – 6A2 – 44849, National Renewable Energy Laboratory. Availableonline: http: // www. nrel. gov/docs/fy10osti/44849. pdf, 2010 – 10 – 16/2017 – 7 – 20.

[102] Crucitti P, Latora V, Marchiori M, 2004. A topological analysis of the Italian electric power grid [J]. Physica A: Statistical Mechanics and its Applications, 338 (1): 92 – 97.

[103] Currier K M, Rassouli-Currier S, 2018. Producer incentives in electricity markets with green quotas and tradable certificates [J]. Utilities Policy, (55): 59 – 68.

[104] Dai H, Masui T, Matsuoka Y, et al, 2011. Assessment of China's climate commitment and non-fossil energy plan towards 2020 using hybrid AIM/CGE model [J]. Energy Policy, 39 (5): 2875 – 2887.

[105] D'Aspremont C, Jacquemin A, 1988. Cooperative and noncooperative R&D in duopoly with spillovers [J]. American Economic Review, 78 (5): 1133 – 1137.

[106] Doe U S, 2003. Grid 2030: A national vision for electricity's second 100 years [R]. Washington D. C. : United States Department of Energy, Office of Electric Transmission and Distribution, 17 – 39.

[107] Donaldson T, Preston L E, 1995. Thestakeholders theory of the corporation: Concepts, evidence, andimplicaitons [J]. Academy of Management Review, 20 (1): 65 – 91.

[108] Dunn S M, Stalham M, Chalmers N, et al, 2003. Adjusting irrigation abstraction to minimise the impact on stream flow in the East of Scotland [J]. Journal of Environmental Management, 68 (1): 95 – 107.

[109] European Commission, 2014. A policy framework for climate and energy in the period from 2020 to 2030 [EB/OL]: http://eur-lex. europa. eu/legal-content/EN/TXT/? uri = CELEX: 52014DC0015, 2014 – 01 – 05/2018 – 03 – 04.

[110] Fagiani Riccardo, Hakvoort Rudi, 2014. The role of regulatory uncertainty in certificate markets: A case study of the Swedish/Norwegian market [J]. Energy Policy, 65 (2): 608 – 618.

[111] Fairley P, 2004. The unruly power grid [J]. IEEE Spectrum, 41

| 参 考 文 献 |

(8): 22 – 27.

[112] Finjord Fredrik, Hagspiel Verena, Lavrutich Maria, Tangen Marius, 2018. The impact of Norwegian-Swedish green certificate scheme on investment behavior: A wind energy case study [J]. Energy Policy, 123 (12): 373 – 389.

[113] Fischer Carolyn, Greaker Mads, Rosendahl Knut Einar, 2016. Strategic Technology Policy as a Supplement to Renewable Energy Standards [EB/OL]. CESifo Working Paper Series No. 5710: https://ssrn.com/abstract = 2734028, 2016 – 01 – 20/2018 – 07 – 15.

[114] Fossati J P, Galarza A, Martín-Villate A, et al, 2015. A method for optimal sizing energy storage systems for microgrids [J]. Renewable Energy, 77 (5): 539 – 549.

[115] Freeman R E, Reed D L, 1983. Stockholders and stakeholders: A new perspective on corporate governance [J]. California Management Review, 25 (3): 88 – 106.

[116] García-Álvarez María Teresa, Cabeza-García Laura, Soares Isabel, 2017. Analysis of the promotion of onshore wind energy in the EU: feed-in tariff or renewable portfolio standard? [J]. Renewable Energy, 111 (10): 256 – 264.

[117] Ghareeb A T, Mohamed A A, Mohammed O A, 2013. DC microgrids and distribution systems: An overview [C]. IEEE Power and Energy Society General Meeting, 1, 1 – 5.

[118] Gibson K, 2000. The moral basis of stakeholder theory [J]. Journal of Business Ethics, 26 (3): 245 – 257.

[119] Gunduz H, Sonmez S, Ayasun S, 2017. Comprehensive gain and phase margins based stability analysis of micro-grid frequency control system with constant communication time delays [J]. IET Generation Transmission & Distribution, 11 (3): 719 – 729.

[120] Hancevic P I, Nuñez H M, Rosellon J, 2017. Distributed photovoltaic power generation: Possibilities, benefits, and challenges for a widespread applica-

tion in the Mexican residential sector [J]. Energy Policy, 110 (11): 478 – 489.

[121] Han X, Zhang H, Yu X, et al, 2016. Economic evaluation of grid-connected micro-grid system with photovoltaic and energy storage under different investment and financing models [J]. Appied Energy, 184 (12): 103 – 118.

[122] Hasani-Marzooni M, Hosseini S H, 2012. Trading strategies for wind capacity investment in a dynamic model of combined tradable green certificate and electricity markets [J]. IET Generation Transmission & Distribution, 6 (4): 320 – 330.

[123] He Jiaxin, Lin Boqiang, 2019. Assessment of waste incineration power with considerations of subsidies and emissions in China [J]. Energy Policy, 126 (3): 190 – 199.

[124] Hemanshu R P, Hossain M J, Mahmud M A, et al, 2014. Control for microgrids with inverter connected renewable energy resources [C]. IEEE Power and Energy Society General Meeting, 10.

[125] He Y, Pang Y, Li X, et al, 2018. Dynamic subsidy model of photovoltaic distributed generation in China [J]. Renewable Energy, 118 (4): 555 – 564.

[126] Hirsch A, Parag Y, Guerrero J, 2018. Microgrids: A review of technologies, key drivers, and outstanding issues [J]. Renewable and Sustainable Energy Reviews, (90): 402 – 411.

[127] Hossain M A, Pota H R, Hossain M J, Blaabjergd F, 2019. Evolution of microgrids with converter-interfaced generations: Challenges and opportunities [J]. International Journal of Electrical Power & Energy Systems, 109 (7): 160 – 186.

[128] Hussain Akhtar, Bui Van-Hai, Kim Hak-Man, 2019. Microgrids as a resilience resource and strategies used by microgrids for enhancing resilience [J]. Applied Energy, 240 (4): 56 – 72.

[129] Hustveit Magne, Frogner Jens Sveen, Fleten Stein-Erik, 2017. Tradable green certificates for renewable support: The role of expectations and un-

certainty [J]. Social Science Electronic Publishing, 141 (12): 1717 –1727.

[130] Jarnut M, Wermiński S, Waśkowicz B, 2017. Comparative analysis of selected energy storage technologies for prosumer-owned microgrids [J]. Renewable & Sustainable Energy Reviews, 74 (7): 925 –937.

[131] Javidsharifi M, Niknam T, Aghaei J, Mokryani G, 2018. Multi-objective short-term scheduling of a renewable-based microgrid in the presence of tidal resources and storage devices [J]. Applied Energy, 216 (4): 367 –381.

[132] Jiang Q, Xue M, Geng G, 2013. Energy management of microgrid in grid-connected and stand-alone modes [J]. IEEE Transactions on Power Systems, 28 (3): 3380 –3389.

[133] Ji P, Ma X, Li G, 2014. Developing green purchasing relationships for the manufacturing industry: An evolutionary game theory perspective [J]. International Journal of Production Economics, 166 (8): 155 –162.

[134] Jongbaek A, Lee M, Yeom S, et al, 2020. Determining the Peer-to-Peer electricity trading price and strategy for energy prosumers and consumers within a microgrid [J]. Applied Energy, 261 (3), Article 114335.

[135] Ju L, Li H, Yu X, et al, 2016. A combined external delivery optimization model for wind power and thermal power considering carbon trading and tradable green certificates based on Credibility theory [J]. International Journal of Electrical Power & Energy Systems, 78 (6): 51 –60.

[136] Kamel R M, Alsaffar M A, Habib M K, 2016. Novel and simple scheme for Micro-Grid protection by connecting its loads neutral points: A review on Micro-Grid protection techniques [J]. Renewable & Sustainable Energy Reviews, 58 (5): 931 –942.

[137] Kamel R M, 2016. New inverter control for balancing standalone microgrid phase voltages: A review on MG power quality improvement [J]. Renewable & Sustainable Energy Reviews, 63 (12): 520 –532.

[138] Kamel R M, 2014. Three fault ride through controllers for wind sys-

tems running in isolated micro-grid and Effects of fault type on their performance：A review and comparative study [J]. Renewable & Sustainable Energy Reviews，37 (12)：698 –714.

[139] Kamien M I, Zang I, 2000. Meet me halfway：research joint ventures and absorptive capacity [J]. International Journal of Industrial Organization, 18 (7)：995 –1012.

[140] Lakshminarayana S, Quek T Q S, Poor H, 2014. Cooperation and storage tradeoffs in power-grids with renewable energy resources [J]. Selected Areas in Communications, 32 (7)：1386 –1397.

[141] Lasseter R, Akhil A, Marnay C, et al, 2002. Integration of distributed energy resources：The CERTS Microgrid Concept [EB/OL]. Lawrence Berkeley National Laboratory, https：//escholarship. org/uc/item/9w88z7z1, 2002 –04 – 01/2018 –09 –26.

[142] Lasseter R H, 2002. Microgrids [C]. Power Engineering Society Winter Meeting. 1 (2)：305 –308.

[143] Liang S, Zhu J, 2017. Dynamic Economic Dispatch of Microgrid with Biomass Power Generation [C]. 6th International Conference on Energy and Environmental Protection, Zhuhai, China, June.

[144] Liu H M, Li SS, Lu D, Ye J L, 2014. Market operation mechanism design for grid-connected microgrid [J]. Electric Power Construction, 35 (11)：13 –18.

[145] Liu J, Li H, Wu Z, et al, 2011. A cascaded photovoltaic system integrating segmented energy storages with self-regulating power allocation control and wide range reactive power compensation [J]. IEEE Transactions on Power Electronics, 26 (12)：3545 –3559.

[146] Long Y, Wang Y, Pan C R, 2017. Auction mechanism of micro-Grid project transfer [J]. Sustainability, (9)：1895.

[147] Long Y, Wang Y, Pan C R, 2018. Incentive mechanism of micro-

grid project development [J]. Sustainability, (10): 163.

[148] López-González A, Domenech B, Gómez-Hernández D, et al,2017. Renewable microgrid projects for autonomous small-scale electrification in Andean countries [J]. Renewable and Sustainable Energy Reviews, 79 (11): 1255 – 1265.

[149] Mitchell R K, Agle B R, Wood D J, 1997. Toward a theory of stake-holder identification and salience: Defining the principle of who and what Rreally counts [J]. The Academy of Management Review, 22 (4): 853 – 886.

[150] Moradi M H, Foroutan V B, Abedini M, 2017. Power flow analysis in islanded Micro-Grids via modeling different operational modes of DGs: A review and a new approach [J]. Renewable & Sustainable Energy Reviews, 69 (3): 248 – 262.

[151] Morozumi S, 2006. Overview of micro-grid research and development activities in Japan [EB/OL]. http://microgrid-symposiums.org/wp-content/uploads/2014/12/montreal_morozumi.pdf, 2006/07 – 23/2018 – 07 – 30.

[152] Motevasel M, Seifi A R, Niknam T, Pahlavani M R A, 2011. Multi-objective operation management of a renewable MG (micro-grid) with back-up micro-turbine/fuel cell/battery hybrid power source [J]. Energy, 36 (11): 6490 – 6507.

[153] Nejabatkhah F, Li Y W, 2014. Overview of power management strat-egies of hybrid AC/DC microgrid [J]. IEEE Transactions on Power Electronics, 30 (12): 7072 – 7089.

[154] Oliver Anthony, Khanna Madhu, 2018. The spatial distribution of welfare costs of Renewable Portfolio Standards in the United States electricity sector [J]. Letters in Spatial and Resource Sciences, 11 (3): 269 – 287.

[155] Pan C R, Long Y, 2015. Evolutionary game analysis of cooperation between microgrid and conventional grid [J]. Mathematical Problems in Engi-neering, (6): 1 – 10.

[156] Pang A, Sun T, Yang Z, 2013. Economic compensation standard for irrigation processes to safeguard environmental flows in the Yellow River Estuary,

China [J]. Journal of Hydrology, 482 (3): 129 – 138.

[157] Pavaloaia L, Georgescu I, Georgescu M, 2015. The system of green certificates-promoter of energy from renewable resources [J]. Procedia-Social and Behavioral Sciences, 188 (5): 206 – 213.

[158] Peng H T, Liu Y, 2018. How government subsidies promote the growth of entrepreneurial companies in clean energy industry: An empirical study in China [J]. Journal of Cleaner Production, 188 (7): 508 – 520.

[159] Pereira E J D S, Pinho J T, Galhardo M A B, et al, 2014. Methodology of risk analysis by Monte Carlo Method applied to power generation with renewable energy [J]. Renewable Energy, 69 (9): 347 – 355.

[160] Pigou A C, 1932. The economics of welfare [M]. London: Macimillan Press.

[161] Pineda Salvador, Andreas Bock, 2016. Renewable-based generation expansion under a green certificate market [J]. Renewable Energy, 91 (6): 53 – 63.

[162] Polzin Friedemann, Egli Florian, Steffen Bjarne and Schmidt Tobias S, 2019. How do policies mobilize private finance for renewable energy? —A systematic review with an investor perspective [J]. Applied Energy, 236 (2): 1249 – 1268.

[163] Ramchandran N, Pai R, Parihar A K S, 2016. Feasibility assessment of Anchor-Business-Community model for off-grid rural electrification in India [J]. Renewable Energy, 97 (11): 197 – 209.

[164] Rand D G, Nowak M A, 2012. Evolutionary dynamics in finite populations can explain the full range of cooperative behaviors observed in the centipede game [J]. Journal of theoretical biology, 300 (5): 212 – 221.

[165] Rezvani A, Gandomkar M, Izadbakhsh M, Ahmadi A, 2015. Environmental/economic scheduling of a micro-grid with renewable energy resources [J]. Journal of Cleaner Production, 87 (1): 216 – 226.

[166] Rieger A, Thummert R, Fridgen G, et al, 2016. Estimating the

benefits of cooperation in a residential microgrid: A data-driven approach [J]. Applied Energy, 180 (10): 130 – 141.

[167] Ritzenhofen I, Birge J R, Spinler S, 2016. The structural impact of renewable portfolio standards and feed-in tariffs on electricity markets [J]. European Journal of Operational Research, 255 (1): 224 – 242.

[168] Rouhani O M, Niemeier D, Gao HO, et al, 2016. Cost-benefit analysis of various California renewable portfolio standard targets: Is a 33% RPS optimal? [J]. Renewable and Sustainable Energy Reviews, 62 (12): 1122 – 1132.

[169] Schusser Sandra, Jaraitė Jūratė, 2018. Explaining the Interplay of Three Markets: Green Certificates, Carbon Emissions and Electricity [J]. Energy Economics, 71 (3): 1 – 13.

[170] Secretary of State for Trade and Industry, UK, 2003. Energy White Paper. Our energy future: creating a low carbon economy [M]. United Kingdom: British Government, 25 – 29.

[171] Shuai J, Cheng X, Ding L, 2019. How should government and users share the investment costs and benefits of a solar PV power generation project in China? [J]. Renewable and Sustainable Energy Reviews, 104 (4): 86 – 94.

[172] Silva S C E, Bradley F, Sousa C M P, 2012. Empirical test of the trust-performance link in an international alliances context [J]. International Business Review, 21 (2): 0 – 306.

[173] Sisto N P, 2009. Environmental flows for rivers and economic compensation for irrigators [J]. Journal of Environmental Management, 90 (2): 1236 – 1240.

[174] Sivarasu S R, Chandira Sekaran E, Karthik P, 2015. Development of renewable energy based microgrid project implementations for residential consumers in India: Scope, challenges and possibilities [J]. Renewable & Sustainable Energy Reviews, 50 (5): 256 – 269.

[175] Smith M, 2009. Overview of the US department of energy's research & development activities onmicrogrid technologies [C]. San diego: 2009 symposium

presentations on micro-grid.

[176] Sánchez M, 2006. Overview of microgrid research and development activities in the EU [C]. 2006 Symposium on Microgrids.

[177] Srinivasan S, 2009. Subsidy policy and the enlargement of choice [J]. Renewable & Sustainable Energy Reviews, 13 (9): 2728 – 2733.

[178] Stern N, 2007. The economics of climate change: The stern review [M]. Cambridge: Cambridge University Press, 37 – 50.

[179] Sun Peng, Nie Pu-yan, 2015. A comparative study of feed-in tariff and renewable portfolio standard policy in renewable energy industry [J]. Renewable Energy, 74 (2): 255 – 262.

[180] Suo C, Li Y P, Jin S W, et al, 2017. Identifying optimal clean-production pattern for energy systems under uncertainty through introducing carbon emission trading and? green certificate schemes [J]. Journal of Cleaner Production, 161 (9): 299 – 316.

[181] Taha A F, Hachem N A, Panchal J H, 2017. A Quasi-Feed-In-Tariff policy formulation in micro-grids: A bi-level multi-period approach [J]. Energy Policy, 71 (8): 63 – 75.

[182] Tamás M M, Shrestha S O B, Zhou H, 2010. Feed-in tariff and tradable green certificate in oligopoly [J]. Energy Policy, 38 (8): 4040 – 4047.

[183] Tang S, Zhou W, Li X, et al, 2021. Subsidy strategy for distributed photovoltaics: A combined view of cost change and economic development [J]. Energy Economics, 97 (2): 105087.

[184] Thapar S, Sharma S, Verma A, 2017. Local community as shareholders in clean energy projects: Innovative strategy for accelerating renewable energy deployment in India [J]. Renewable Energy, 101 (2): 873 – 885.

[185] Thi Anh Tuyet N, Chou S Y, 2018. Impact of government subsidies on economic feasibility of offshore wind system: Implications for Taiwan energy

policies ［J］. Applied Energy, 217 (5): 336 – 345.

［186］ Ton D T, Smith M A, 2012. The U. S. Department of gnergy's micro-grid initiative ［J］. The Electricity Journal, 25 (8): 84 – 94.

［187］ Tsikalakis A G, Hatziargyriou N D, 2008. Centralized control for op-timizing microgrids operation ［J］. IEEE Transactions on Energy Conversion, 23 (1): 241 – 248.

［188］ Ustun T S, Ozansoy C, Zayegh A, 2011. Recent developments in microgrids and example cases around the world – A review ［J］. Renewable & Sustainable Energy Reviews, 15 (8): 4030 – 4041.

［189］ Valerie Rountree, 2019. Nevada's experience with the Renewable Portfolio Standard ［J］. Energy Policy, 129 (6): 279 – 291.

［190］ Valer L R, ManitoA R A, Ribeiro T B S, et al, 2017. Issues in PV systems applied to rural electrification in Brazil ［J］. Renewable & Sustainable Energy Reviews, 78 (10): 1033 – 1043.

［191］ Verbong G, Geels F, 2007. The ongoing energy transition: lessons-from a socio-technical, multi-level analysis of the Dutch electricity system (1960 – 2004) ［J］. Energy Policy, 35 (2): 1025 – 1037.

［192］ Villalón A, Rivera M, Salgueiro Y, et al, 2020. Predictive Control for Microgrid Applications: A Review Study ［J］. Energies, 13 (10): 2454.

［193］ Vinayagam A, Alqumsan A A, Swarna K S V, et al, 2018. Intelli-gent control strategy in the islanded network of a solar PV microgrid ［J］. Electric Power Systems Research, 155 (2): 93 – 103.

［194］ Wang Bing, Wei Yi-Ming, Yuan Xiao-Chen, 2018. Possible design with equity and responsibility in China's renewable portfolio standards ［J］. Ap-plied Energy, 232 (12): 685 – 694.

［195］ Wang R, Hsu S C, Zheng S, et al, 2020. Renewable energy micro-grids: Economic evaluation and decision making for government policies to contrib-ute to affordable and clean energy ［J］. Applied Energy, 274: 115287.

[196] Williams N J, Jaramillo P, Taneja J, 2018. An investment risk assessment of microgrid utilities for rural electrification using the stochastic techno-economic microgrid model: A case study in Rwanda [J]. Energy for Sustainable Development, 42 (2): 87 – 96.

[197] Williamson O E, 1975. Markets and hierarchies: Analysis and antiturst implication [M]. New York: The Free Press.

[198] Wirl F, Orasch W, 1998. Analysis of United States' utility conservation programs [J]. Review of Industrial Organization, 13 (4): 467 – 486.

[199] Xiong W, Zhang D, Mischke P, et al, 2014. Impacts of renewable energy quota system on China's future power sector [J]. Energy Procedia, (61): 1187 – 1190.

[200] Xiong Y Q, Yang X H, 2016. Government subsidies for the Chinese photovoltaic industry [J]. Energy Policy, 99 (12): 111 – 119.

[201] Xu Chao, Zhou Zongfang, 2013. The evolutionary game analysis of credit behavior of SME in guaranteed loans organization [J]. Procedia Computer Science, (17): 930 – 938.

[202] Xu Xinkuo, Guan Chengmei, Jin Jiayu, 2018. Valuing the carbon assets of distributed photovoltaic generation in China [J]. Energy Policy, 121 (10): 374 – 382.

[203] Yang D, Jing Y Q, Wang C, et al, 2021. Analysis of renewable energy subsidy in China under uncertainty: Feed-in tariff vs. renewable portfolio standard [J]. Energy Strategy Reviews, 34 (1): 100628.

[204] Yin X A, Liu Y, Yang Z, et al, 2018. Eco-compensation standards for sustaining high flow events below hydropower plants [J]. Journal of Cleaner Production, 182 (5): 1 – 7.

[205] Yu F, Guo Y, Le-NguyenK, et al, 2016. The impact of government subsidies and enterprises' R&D investment: A panel data study from renewable energy in China [J]. Energy Policy, 89 (2): 106 – 113.

[206] Zhang Q, Wang G, Li Y, et al, 2017. Substitution effect of renewable portfolio standards and renewable energy certificate trading for feed-in tariff [J]. Applied Energy, 227 (10): 426 –435.

[207] Zhang Yu-zhuo, Zhao Xin-gang, Ren Ling-zhi, Zuo Yi, 2017. The development of the renewable energy power industry under feed-in tariff and renewable portfolio standard: A case study of China's wind power industry [J]. Journal of Cleaner Production, 168 (1): 1262 –1276.

[208] Zhao X G, Ren L Z, Zhang Y Z, et al, 2018. Evolutionary game analysis on the behavior strategies of power producers in renewable portfolio standard [J]. Energy, (162): 505 –516.

[209] Zhao X, Liu S, Yan F, et al, 2017. Energy conservation, environmental and economic value of the wind power priority dispatch in China [J]. Renewable Energy, 111 (10): 666 –675.

[210] Zhu C, Fan R, Lin J, 2020. The impact of renewable portfolio standard on retail electricity market: A system dynamics model of tripartite evolutionary game [J]. Energy Policy, 136 (1), Article 111072.

[211] Zhu Q, Dou Y, 2007. Evolutionary game model between governments and core enterprises in greening supply chains [J]. Systems Engineering-Theory & Practice, 27 (12): 85 –89.

[212] Zuo Yi, Zhao Xin-gang, Zhang Yu-zhuo, Ren Ling-zhi, 2018. From feed-in tariff to renewable portfolio standards: An evolutionary game theory perspective [J]. Journal of Cleaner Production. 213 (3): 1274 –1289.